A1

MENSCHEN IM BERUF
TOURISMUS

Kursbuch mit Audios online
Deutsch als Fremdsprache

Anja Schümann
Cordula Schurig

Brigitte Schaefer
Frauke van der Werff

Hueber Verlag

Weitere Materialien zu diesem Lehrwerk finden Sie in unserem Lehrwerkservice unter www.hueber.de/menschen-im-beruf.

Piktogramme und Symbole

▶ 6 Tracknummer

Verweis zu den passenden Übungen im Übungsteil

Ü6 Verweis vom Übungsteil zur Kursbuchübung

B1 Infokästen mit nützlichen Informationen und Hinweisen zur betreffenden Übung

- der
- das
- die

Die Audiodateien finden Sie in der *Hueber Media*-App und unter: www.hueber.de/menschen-im-beruf

3. 2. 1. | Die letzten Ziffern
2026 25 24 23 22 | bezeichnen Zahl und Jahr des Druckes.
Alle Drucke dieser Auflage können, da unverändert, nebeneinander benutzt werden.
1. Auflage

Umschlaggestaltung: Sieveking · Agentur für Kommunikation, München
Layout und Satz: Sieveking · Agentur für Kommunikation, München
Verlagsredaktion: Veronika Kirschstein, Gondelsheim
Druck und Bindung: F&W Druck- und Mediencenter GmbH, Kienberg
Printed in Germany
ISBN 978-3-19-301424-5

Art. 530_29349_001_01

Inhalt

Vorwort

Liebe Leserinnen, liebe Leser,

in der Reihe *Menschen im Beruf* präsentieren wir unsere neuen Materialien zum Erwerb der Fachsprachen verschiedener Berufsgruppen. Sie können alle parallel neben einem allgemeinsprachlichen Lehrwerk oder für kompakte Fachsprachen-Kurse eingesetzt werden. Die Materialien vermitteln den Fachwortschatz und berufsspezifische Redemittel aus typischen Situationen des Arbeitsalltags.

Menschen im Beruf – Tourismus A1 bereitet Sie gezielt auf den Umgang mit deutschsprachigen Touristen vor. Der fachsprachliche Kurs ist begleitend zu einem allgemeinen Sprachkurs der Niveaustufe A1 aufgebaut, z. B. zum Lehrwerk *Menschen A1*.

Inhalt

Die fachsprachlichen Lerninhalte sind gezielt auf das konkrete sprachliche Umfeld in der Tourismusbranche zugeschnitten und folgen in ihrer Progression der Niveaustufe A1, sodass auch Anfänger mit *Menschen im Beruf – Tourismus A1* sicher zurechtkommen.
Um einen persönlichen Bezug der Lernenden zu den Lerninhalten herzustellen, führt eine Rahmenhandlung mit vier Protagonisten durch die Lektionen. Anhand dieser kleinen Geschichte werden implizit landeskundlich wichtige Inhalte im Umgang mit deutschsprachigen Gästen vermittelt.
Menschen im Beruf – Tourismus A1 beginnt mit einer allgemeinsprachlichen Einstiegslektion (Lektion 0), in der die Lernenden grundlegende sprachliche Mittel wiederholen und üben, z. B. Begrüßung und Abschied, Name und Herkunft, die Zahlen 1–100 oder das Alphabet.
In den Lektionen 1–4 präsentiert *Menschen im Beruf – Tourismus A1* typische Szenarien und Textsorten aus dem Berufsalltag der Tourismusbranche wie beispielsweise „Gäste im Hotel begrüßen und empfangen", „eine Bestellung aufnehmen", „auf Beschwerden und Wünsche reagieren" usw.
Am Ende des Bandes wird der behandelte Stoff mit einem Spiel wiederholt und geübt.

Aufbau einer Lektion

Die Einstiegsseite bereitet die Lernenden mithilfe zahlreicher Fotos und kurzer Gespräche auf das Lektionsthema vor, führt wichtigen Wortschatz ein und aktiviert vorhandene Kenntnisse. Außerdem befindet sich hier ein Überblick über die kommunikativen Lernziele der Lektion.
Auf vier Doppelseiten (A–D) werden die neuen sprachlichen Mittel eingeführt. Die Lernenden üben sie erst in gelenkter, dann in freierer Form. In praxisbezogenen Aufgaben nehmen die Lernenden aktiv die Rollen ein, die später zu ihrem Berufsalltag gehören. Gleichzeitig müssen sie die Gäste verstehen, deshalb wird die Gästeperspektive vorwiegend rezeptiv vermittelt.
Alle vier Fertigkeiten werden im Kontext geübt. Der Schwerpunkt liegt jedoch auf den Fertigkeiten *Sprechen* und *Hören*. Grammatische Strukturen werden unterstützend präsentiert.
In jeder Lektion finden Sie auf den Seiten Ihre Wörter und Kommunikation den Lernwortschatz sowie eine thematisch geordnete Übersicht über die wichtigsten sprachlichen Wendungen der Lektion.
Im Übungsteil helfen zahlreiche gelenkte Übungen zu Wortschatz, Redemitteln, Hörverstehen und Aussprache, den gelernten Stoff zu festigen. Verweise im Lektions- und Übungsteil zeigen an, an welcher Stelle sich die entsprechenden Übungen anbieten.
Die Hörtexte und Aussprache-Übungen finden Sie als MP3-Dateien unter www.hueber.de/menschen-im-beruf.

Viel Spaß und Erfolg beim Lernen und Lehren mit *Menschen im Beruf – Tourismus* wünschen Ihnen
Autorinnen und Verlag

Hallo! Ich heiße ...

0

Ü1 **1 Im Kurs**

a Wie heißen Sie? Sprechen Sie im Kurs.

- ▲ Guten Tag. Ich heiße Marina Weber. Wie heißen Sie?
- ◆ Guten Tag. Ich heiße Marco Parelli. Wie heißen Sie?

b Wer ist das? Sprechen Sie im Kurs.

- ▲ Ich heiße Sally Richards.
- ◆ Das ist Sally Richards. Ich heiße Esteban Carvallo.
- ■ Das ist Esteban Carvallo. Ich heiße Gloria Prokopy.

2 Wer sitzt wo?

Machen Sie einen Plan. Kennen Sie alle Namen im Kurs?

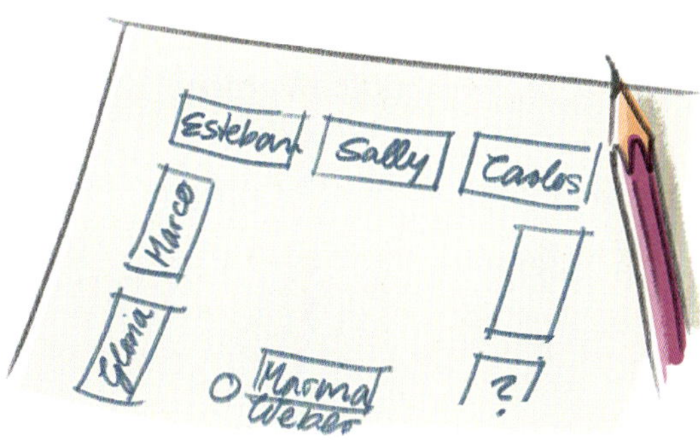

Das lernen Sie:

- Gäste begrüßen und verabschieden
- Namen und Herkunft nennen
- über den Beruf sprechen
- Telefonnummern nennen
- nachfragen
- Namen buchstabieren

Guten Tag!

Ü2,3 **A1 Begrüßung und Abschied**

6–11 Uhr	→	Guten Morgen!
10–18 Uhr	→	Guten Tag!
18–23 Uhr	→	Guten Abend!
22–2 Uhr	→	Gute Nacht!

▶1 a **Welches Bild passt? Hören Sie und ordnen Sie zu.**

1 (C) Guten Tag!
2 ◯ Guten Abend!
3 ◯ Gute Nacht!
4 ◯ Hallo!
5 ◯ Guten Morgen!
6 ◯ Auf Wiedersehen!
7 ◯ Tschüs!

▶2 b **Hören Sie und sprechen Sie nach.**

A2 Spiel

Schreiben Sie Kärtchen und sprechen Sie zu zweit.

Ü4,5 **B1 Woher kommen Sie ...?**

▶3 a **Wer sagt was?**
Lesen und hören Sie und ordnen Sie zu.

1 ◯
◆ Guten Tag!↘
▲ Guten Tag!↘
◆ Wie heißen Sie?↘
▲ Heide Husmann.↘
◆ Woher kommen Sie, Frau Husmann?↗
▲ Aus Deutschland↘, aus Berlin.↘
Und Sie?↗
◆ Ich komme aus Dortmund.↘

2 ◯
◆ Hallo!↘ Woher kommst du?↗
▲ Aus Luzern.↘
◆ Ah, aus Österreich!↘
▲ Nein.↘ Aus der Schweiz.↘
◆ Ach ja!↘ Und wie heißt du?↗
▲ Veronika.↘ Und du?↗
◆ Ich heiße Daniel.↘

▶3 b **Hören Sie die Gespräche noch einmal und sprechen Sie nach.**

Ich komme aus
Berlin / Luzern / ...
Deutschland / Österreich / ...
! der Schweiz / den USA / ...

c **Ihr Name? Ihr Land? Spielen Sie Gespräche wie in a.**

Wie heißen Sie?
Ich heiße ...
Hallo, woher kommst du?
Aus ...

B2 Spiel

Schreiben Sie Kärtchen wie im Beispiel.
Fragen und antworten Sie im Kurs.

◆ Guten Tag!↘
▲ Guten Tag!↘
◆ Wie heißen Sie?↘
▲ Ich heiße Lady Gaga.↘
◆ Woher kommen Sie?↘
▲ Ich komme aus den USA.↘

Was sind Sie von Beruf?

Ü6 **C1 Berufe**

a **Im Restaurant oder im Hotel? Ordnen Sie zu.**

im Restaurant

im Hotel

- • der
- • das
- • die

• Kellnerin

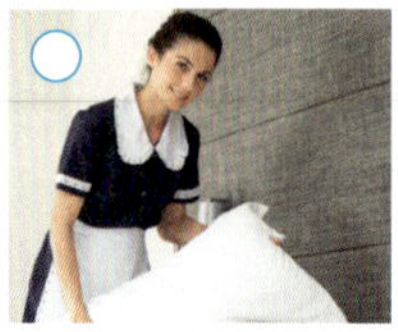

• Zimmermädchen

• Rezeptionistin

• Koch

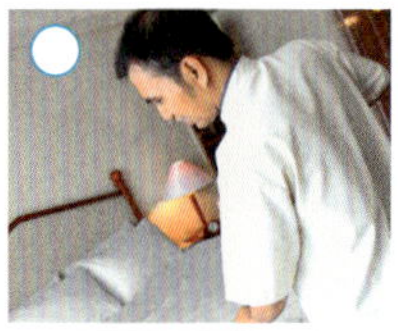

• Roomboy

• Hotelmanager

▶4 b **Hören Sie und sprechen Sie nach.**

1 Kellner – Kellnerin
2 Hotelmanager – Hotelmanagerin
3 Rezeptionist – Rezeptionistin
4 Koch – Köchin
5 Zimmermädchen
6 Roomboy

▶5 **C2 Was sind die Personen von Beruf?**

Ü7 **Hören und schreiben Sie.**

1 Sina Marena
Rezeptionistin

2 Rudolfo Lupi

3 Pierre Autin

4 Linda Walz

♂ Rezeptionist
Kellner

♀ Rezeptionistin
Kellnerin

Ü8–10 **C3 Was sind Sie von Beruf?**

Sprechen Sie zu zweit und stellen Sie Ihre Partnerin / Ihren Partner vor wie in den Beispielen.

◆ Frau Ndao, was machen Sie?↘ Arbeiten Sie im Hotel?↗
▲ Ja.↘ Ich bin Rezeptionistin.↘
◆ Das ist Frau Ndao.↘ Sie ist Rezeptionistin.↘

◆ Und du, Mario?↗ Was bist du von Beruf?↘
▲ Ich bin Kellner.↘ Ich arbeite im Restaurant.↘
◆ Das ist Mario.↘ Er ist Kellner.↘

C4 Pantomime

Spielen Sie einen Beruf. Die anderen raten.
Sprechen Sie wie im Beispiel.

Ü11 D1 Zahlen 1–100

▶6 a **Lesen und hören Sie die Zahlen. Sprechen Sie nach.**

0 null	**1** eins	**2** zwei	**3** drei	**4** vier	**5** fünf	**6** sechs	**7** sieben
8 acht	**9** neun	**10** zehn	**11** elf	**12** zwölf	**13** dreizehn	**14** vierzehn	**15** fünfzehn
16 **sech**zehn	**17** **sieb**zehn	**18** achtzehn	**19** neunzehn	**20** zwanzig	**21** **ein**und-zwanzig	**22** zweiund-zwanzig	**23** dreiund-zwanzig
30 drei**ß**ig	**40** vierzig	**50** fünfzig	**60** **sech**zig	**70** **sieb**zig	**80** achtzig	**90** neunzig	**100** hundert

▶7 b **Lesen und hören Sie. Hören Sie dann noch einmal und sprechen Sie nach.**

13 – 30 | 14 – 40 | 15 – 50 | 16 – 60 | 17 – 70 | 18 – 80 | 19 – 90

24 = vierundzwanzig
75 = fünfundsiebzig

Ü12 D2 Telefonnummern

▶8 a **Hören Sie und ergänzen Sie die Telefonnummern.**

1 Tourist-Information Bayreuth ______
2 Henry ______
3 Frau Samhamer ______
4 Olaf Stern ______

b **Fragen Sie im Kurs und notieren Sie. Machen Sie eine Telefonliste.**

Wie ist Ihre / deine Telefonnummer?

Meine Nummer ist …

Ü13 D3 Das Alphabet

▶9 a **Lesen und hören Sie die Buchstaben. Sprechen Sie nach.**

A, a	B, b	C, c	D, d	E, e	F, f	G, g	H, h	I, i	J, j
K, k	L, l	M, m	N, n	O, o	P, p	Q, q	R, r	S, s	T, t
U, u	V, v	W, w	X, x	Y, y	Z, z	Ä, ä	Ö, ö	Ü, ü	ß

b **Ihr Name: Buchstabieren Sie.**

Ich heiße … *Wie bitte?* *Ich buchstabiere: …*

D4 „ABC-Schlange"

Machen Sie eine „ABC-Schlange" im Kurs und sprechen Sie wie im Beispiel.

Anna Ben Christina David Elisabeth Finn

Ich heiße Anna. Und Sie / du?

Ihre Wörter

Einstiegsseite

heißen
sein

Abschnitt B

kommen aus
Deutschland
Österreich
• Schweiz
• USA (Pl.)

Abschnitt C

• Restaurant, -s
• Hotel, -s
• Kellner, -
• Zimmermädchen, -
• Rezeptionist, -en
• Koch, ¨-e
• Roomboy, -s
• Hotelmanager, -
machen
arbeiten
• Beruf, -e

Abschnitt D

• Name, -n
• Nummer, -n
• Telefonnummer, -n
• Zahl, -en
buchstabieren

Zahlen 1–100

0 null	**1** eins	**2** zwei	**3** drei	**4** vier	**5** fünf	**6** sechs	**7** sieben
8 acht	**9** neun	**10** zehn	**11** elf	**12** zwölf	**13** dreizehn	**14** vierzehn	**15** fünfzehn
16 **sech**zehn	**17** **sieb**zehn	**18** achtzehn	**19** neunzehn	**20** zwanzig	**21** **ein**und-zwanzig	**22** zweiund-zwanzig	**23** dreiund-zwanzig
30 drei**ß**ig	**40** vierzig	**50** fünfzig	**60** **sech**zig	**70** **sieb**zig	**80** achtzig	**90** neunzig	**100** hundert

Kommunikation

Gäste begrüßen und verabschieden

Guten Morgen!
Guten Tag!
Guten Abend!
Hallo!
Auf Wiedersehen!
Gute Nacht!
Tschüs!

Namen und Herkunft nennen

Wie heißen Sie? / Wie heißt du?
Ich heiße ...
Frau/Herr ...
Woher kommen Sie? / Woher kommst du?
(Ich komme) aus Deutschland.
Und Sie? / Und du?

über den Beruf sprechen

Was machen Sie? / Was machst du?
Was sind Sie von Beruf? / Was bist du von Beruf?
Ich bin ... / Ich arbeite ...
Arbeiten Sie im Hotel?

Telefonnummern nennen

Wie ist Ihre Telefonnummer?
Meine Nummer ist ...

nachfragen

Wie bitte?

Namen buchstabieren

Ich buchstabiere: L – o – u ...

▶ 10 **1 Ergänzen Sie das Gespräch. Hören Sie dann und vergleichen Sie.**

ES/1 Das ist | ~~Tag~~ | ich heiße | Wie heißen | Ich heiße | Guten

▲ Guten Tag (a). ______ (b) Mario Rosati.
______ (c) Sie?

◆ ______ (d) Tag, ______ (e) Sally Nolan.
______ (f) Gloria Roberts.

A1 **2 Finden Sie die Wörter und ordnen Sie zu.**

TschüsGutenTagAufWiedersehenGutenMorgenHalloGuteNachtGutenAbend

a Begrüßung

Guten Tag.
______
______
______

b Abschied

______
______
______

3 Ordnen Sie zu.

a 20:00 Uhr
b 09:00 Uhr
c 16:00 Uhr
d 24:00 Uhr

1 Guten Tag.
2 Guten Morgen.
3 Gute Nacht.
4 Guten Abend.

B1 **4 Hören Sie die Gespräche.**

▶ 11 a **Welches Foto passt?**

Gespräch ______

Gespräch ______

▶ 11 b **Hören Sie noch einmal und kreuzen Sie an.**

1 Frau Dahrendorf kommt ...
◯ aus Österreich.
◯ aus der Schweiz.
◯ aus Deutschland.

2 Michael Köhler kommt ...
◯ aus Österreich.
◯ aus der Schweiz.
◯ aus Deutschland.

3 Jan Meyer kommt ...
◯ aus Linz.
◯ aus München.
◯ aus Wien.

4 Nicole kommt ...
◯ aus Linz.
◯ aus München.
◯ aus Wien.

5 Schreiben Sie wie im Beispiel.

C

E

F

A Das ist Michael Bäumer (Berlin).
B Das ist Vivian (Linz).
C Das ist Jutta Carnelsen (Hamburg).
D Das ist Christina (München).
E Das ist Friedrich (Bern).
F Das ist Michael Sladek (Wien).

a ◆ Herr Bäumer, woher kommen Sie? ▲ Aus Berlin.
b ◆ Vivian, woher kommst du? ▲ Aus Linz.
c ◆ Frau Carnelsen, ______ ▲ ______
d ◆ ______ ▲ ______
e ◆ ______ ▲ ______
f ◆ ______ ▲ ______

0

C1 **6 Finden Sie sieben Berufe und ordnen Sie zu.**

KOCHOHGBKELLNERINUMNIOP-
ZIMMERMÄDCHENOARDSLNB-
ROOMBOYKLASIHOTELMANAGERINDUF-
FYREZEPTIONISTOMIUTKÖCHINPLOLLI

a im Hotel: ______________________

____

b im Restaurant: Koch, ______________________

▶ 12 **7 Was sind die Personen von Beruf? Hören Sie und ergänzen Sie.**

C2 a Michael Bäumer ______________

b Vivian ______________

c Jutta Carnelsen ______________

d Christina ______________

e Friedrich ______________

f Michael Sladek ______________

C3 **8 Ergänzen Sie die drei Gespräche.**

Ich bin Köchin. | Ich bin Rezeptionist. | ~~Frau Mittner, was machen Sie?~~ | Nein, im Restaurant, ich bin Kellner. | Arbeiten Sie im Hotel?

Gespräch 1
▲ Guten Tag, ich heiße Irene Mittner.
◆ Frau Mittner, was machen Sie?
▲ ______________ (a)

Gespräch 2
▲ Ich heiße Peter Hartwig. Ich bin Roomboy, und Sie?
◆ ______________ (b)

Gespräch 3
▲ Ich heiße Andreas Pohl.
◆ ______________ (c)
▲ ______________
______________ (d)

9 Schreiben Sie die Fragen.

a ▲ Wie heißen Sie? ◆ Michael Sladek.
b ▲ ______________ ◆ Aus Österreich.
c ▲ ______________ ◆ Kellner.
d ▲ ______________ ◆ Nein, im Restaurant.

▶ 13 **10 Aussprachetraining: Satzmelodie. Hören Sie und sprechen Sie nach.**

▲ Guten Tag, wie heißen Sie?↘
◆ Ich heiße Michaela Heubel.↘
▲ Was sind Sie von Beruf?↗
◆ Ich bin Kellnerin.↘
▲ Arbeiten Sie im Restaurant?↗
◆ Ja, im Restaurant „Zur Post".↘
▲ Woher kommen Sie?↘
◆ Ich komme aus Österreich.↘

D1 **11 Aussprachetraining: Zahlen**

▶ 14 a **Was hören Sie? Kreuzen Sie an.**

1	2	3	4	5	6
○ 5	○ 22	○ 18	○ 40	○ 16	○ 13
○ 15	○ 20	○ 80	○ 44	○ 60	○ 23
○ 50	○ 23	○ 88	○ 14	○ 66	○ 30

▶ 15 b **Hören Sie und sprechen Sie nach.** 14 – 29 – 33 – 91 – 50 – 100 – 13 – 55 – 18 – 78

▶ 16 **12 Hören Sie und notieren Sie die Telefonnummern.**

D2 a Michael Bäumer ______________

b Vivian ______________

c Jutta Carnelsen ______________

d Friedrich ______________

▶ 17 **13 Hören Sie und kreuzen Sie an.**

D3 a Die Frau heißt ○ Paula Merker. ○ Pauline Mercier. ○ Paula Mercier.

b Der Mann heißt ○ Carlo Alexander. ○ Alexander Krugman. ○ Alexander Krugmann.

Herzlich willkommen!

1

▶ 18 **1 Lesen und hören Sie. Welche Wörter kennen Sie? Kreuzen Sie an.**

Ü 1 ◯ • Rezeption | ◯ • Schlüssel | ◯ • Tourist | ◯ • Anmeldeformular | ◯ • Computer | ◯ • Telefon | ◯ • Bar | ◯ • Doppelzimmer | ◯ • Lift/Fahrstuhl | ◯ • Safe | ◯ • Fernseher

▶ 19 **2 Sehen Sie die Fotos an und hören Sie das Beispiel. Zeigen und sprechen Sie.**

Das lernen Sie:

- Gäste begrüßen und empfangen
- nach der Aufenthaltsdauer fragen
- sich vorstellen
- sich bedanken
- etwas vermuten
- Auskunft geben, ob Zimmer frei sind
- fragen, wenn man etwas nicht versteht
- auf eine Reservierungsanfrage antworten
- Informationen zum Hotel und zum Zimmer geben

A

Sie haben das Zimmer Nummer zwölf.

1

Ü2,3 **A1 Ankommen im Hotel**

▶ 20 a **Sehen Sie die Zeichnung an und hören Sie das Gespräch. Was ist richtig? Kreuzen Sie an.**

Frau Langer ...

1	2	3
◯ ist an der Rezeption.	◯ kommt zu einem Kongress.	◯ bleibt sieben Nächte.
◯ ist an der Bar.	◯ ist Touristin.	◯ bleibt siebzehn Nächte.

▶ 20 b **Wer sagt das? Hören Sie noch einmal und ordnen Sie zu.**

Guten Tag!

Sie bleiben sieben Nächte. Richtig?

Herzlich willkommen!

Wie war die Reise?

Danke, gut.

Einen Moment, bitte.

Hier ist das Anmeldeformular.

Hier ist der Schlüssel.

Vielen Dank.

▶ 20 c **Ordnen Sie die Gesprächsteile zu. Hören Sie noch einmal und vergleichen Sie.**

1 Wie war die Reise?	Ja, genau.
2 Sie kommen zum Kongress und bleiben sieben Nächte. Richtig?	Danke, gut.
3 Einen schönen Aufenthalt.	Vielen Dank.

Ü4,5 A2 An der Rezeption

▶ 21 a **Hören Sie und sprechen Sie nach.**

- ◆ Guten Tag.↘
- ▲ Guten Tag.↘ Mein Name ist Schmidt, Bernd Schmidt aus Lübeck.↘ Ich komme zum Kongress.↘
- ◆ Herzlich willkommen, Herr Schmidt.↘ Wie war die Reise?↗
- ▲ Danke, gut.↘
- ◆ Einen Moment, bitte.↘ ... Sie bleiben zwei Nächte.↘ Ist das richtig?↗
- ▲ Ja, genau.↘
- ◆ Sie haben das Zimmer Nummer 22.↘ Hier ist der Schlüssel.↘
- ▲ Vielen Dank.↘

b **Spielen Sie Gespräche wie in a.**

1 Werner Sachs aus Cuxhaven | eine Nacht | Zimmer Nummer 10
2 Sabine Schulz aus München | vier Nächte | Zimmer Nummer 43
3 Beate Dorn aus Heidelberg | fünf Nächte | Zimmer Nummer 96

Guten Tag.

*Guten Tag.
Mein Name ist Sachs. Werner
Sachs aus ...*

A3 Spiel

a **Schreiben Sie Kärtchen wie im Beispiel.**

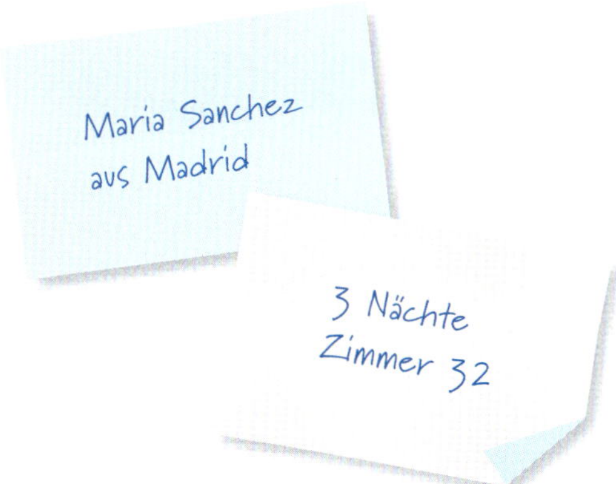

b **Finden Sie eine Partnerin / einen Partner und spielen Sie Gespräche wie in A2.
Tauschen Sie dann die Kärtchen und suchen Sie eine neue Partnerin / einen neuen Partner.**

Entschuldigung, ist das ein A?

Ü6 **B1 Anmeldeformular**

a **Welche Wörter kennen Sie? Kreuzen Sie an.**

◯ • Familienname | ◯ • Vorname | ◯ • Straße | ◯ • Hausnummer | ◯ • Postleitzahl
◯ • Wohnort | ◯ • Staat | ◯ • Nationalität | ◯ • Geburtstag | ◯ • Anreise | ◯ • Abreise
◯ • Datum | ◯ • Unterschrift | ◯ • Personalausweis | ◯ • Visitenkarte

b **Lesen Sie den Personalausweis und die Visitenkarte und ergänzen Sie das Anmeldeformular. Vergleichen Sie im Kurs.**

JOHANNES STEIGER

Fotograf
Goethestr. 234
10999 Berlin

www.josatelier.de
Tel. +49 30 12 34 56
mobil +49 179 123 45 67
steiger@josatelier.de

ANMELDEFORMULAR

HOTEL INTERCOM

1	Familienname	
2	Vorname	
3	Straße, Hausnummer	
4	Postleitzahl, Wohnort	
5	Staat	
6	Nationalität	
7	Telefon	
8	Geburtstag	
9	Anreise	11.05.
10	Abreise	16.05.
11	Nummer Personalausweis	
12	Datum, Unterschrift	11.05., J. Steiger

c **Und Sie? Ergänzen Sie Ihre Daten.**

ANMELDEFORMULAR

HOTEL INTERCOM

Familienname	
Vorname	
Straße, Hausnummer	
Postleitzahl, Wohnort	
Staat	
Nationalität	
Telefon	
Geburtstag	
Anreise	
Abreise	
Nummer Personalausweis	
Datum, Unterschrift	

B2 Ist das ein A?

a **Was sehen Sie auf dem Formular? Kreuzen Sie an.**

Hollmann, Tel. 040/35894475

Das ist ◯ ein A. ◯ ein O.
Das ist ◯ eine Null. ◯ eine Neun.

▶ 22 b **Hören Sie das Gespräch und vergleichen Sie.**

B3 Was sehen Sie?

▶ 23 a **Hören Sie das Beispiel. Hören Sie dann noch einmal und sprechen Sie nach.**

Sylvia Bostmann, 038-449912

•• ein – kein
• eine – keine

◆ Ich glaube, das ist ein P.
▲ Ja, das glaube ich auch.
● Nein, das ist kein P. Ich glaube, das ist ein B.

● Ist das eine Drei?
▲ Ja, das ist eine Drei.
◆ Nein, das ist keine Drei. Das ist eine Acht.

b **Spielen Sie Gespräche wie in a.**

1 Susanne Langen, 431678
2 Josef Schreiber, 837455
3 Julia Wunder, 0176-22443125
4 Fabian Wimmer, 0432-987889

Ü7,8 B4 Rätsel

a **Was ist das? Ergänzen Sie.**

◆ Was ist das? Ein Formular? Eine Visitenkarte?
▲ Das ist keine Visitenkarte, das ist ein Formular.

◆ Was ist das? Eine Bar? Eine Rezeption?
▲ Das ist ______

◆ Was ist das? Ein Computer? Ein Safe?
▲ Das ist ______

b **Spielen Sie Gespräche wie in a.**

1 Hotel – Restaurant
2 Fernseher – Computer
3 Rezeptionist – Kellner
4 Zimmermädchen – Kellnerin
5 Hotelmanagerin – Touristin
6 …

Wie lange bleiben Sie?

C1 Mit Papa im Hotel

a Sehen Sie die Zeichnung an. Was meinen Sie: Was ist richtig? Kreuzen Sie an.

◯ Im Hotel ist kein Zimmer frei.

◯ Im Hotel ist ein Dreibett-zimmer frei.

◯ Der Fahrstuhl ist kaputt.

▶ 24 **b Hören Sie das Gespräch und vergleichen Sie mit Ihrer Antwort aus a.**

▶ 24 **c Hören Sie das Gespräch noch einmal und ergänzen Sie.**

Einzelzimmer | Doppelzimmer | Dreibettzimmer

1 Die Familie hätte gern ein ______ und ein ______.

2 Im Hotel ist kein ______ und ist kein ______ frei.

3 Ein ______ ist frei.

Ü9 **C2 Haben Sie noch ein Zimmer frei?**

Tut mir leid. ☹
Ja, das geht. ☺

▶ 25 **a Hören Sie und sprechen Sie nach.**

◆ Guten Abend.↘
▲ Guten Abend.↘ Ich hätte gern ein Doppelzimmer.↘
◆ Wie lange bleiben Sie?↗
▲ Drei Nächte.↘
◆ Einen Moment, bitte.→ Tut mir leid.↘ Ich habe kein Doppelzimmer.↘
▲ Ach, schade!→ Und ein Einzelzimmer?↗
◆ Ja, das geht.↘

b Spielen Sie Gespräche wie in a.

1 ein Einzelzimmer | eine Nacht | kein Einzelzimmer | ein Doppelzimmer
2 ein Dreibettzimmer | vier Nächte | kein Dreibettzimmer | drei Einzelzimmer

Guten Abend.

Guten Abend.
Ich hätte gern ...

Ü 10, 11 **C3 Fragen an der Rezeption**

a **Ergänzen Sie die Sätze.**

Entschuldigung, wie ist Ihr Name? | wie schreibt man das? | Entschuldigung, wie ist Ihre Zimmernummer?

Gespräch 1

▲ Guten Abend. Zimmer 13, bitte.
◆ Guten Abend. ______________________ 30?
▲ Nein, 13. Meine Zimmernummer ist 13.
◆ Ach so. Hier, bitte.
▲ Danke.

Gespräch 2

▲ Guten Tag. Mein Name ist Bernd Spirgatis. Ist hier ein Fax für mich?
◆ ______________________
▲ Spirgatis.
◆ Ah, ja. Hier bitte.
▲ Danke.

C

Gespräch 3

◆ Hotel „Zur Sonne", Moritz. Guten Tag.
▲ Guten Tag. Mein Name ist Wetzel. Ich hätte gern ein Doppelzimmer für morgen. Geht das?
◆ Ja, kein Problem. Wetzel, ______________________
▲ Ich buchstabiere: W-E-T-Z-E-L.
◆ Danke. Bis morgen, Herr Wetzel.

▶ 26 b **Hören Sie die Gespräche aus a und vergleichen Sie.**

c **Spielen Sie die Gespräche 2 und 3 aus a mit Ihren Namen.**

C4 Namen im Kurs

Notieren Sie fünf Namen. Sprechen Sie wie im Beispiel.

◆ Mein Name ist Katrina Orlowa.↘
▲ Entschuldigung, wie ist Ihr Name?↗
◆ Katrina Orlowa.↘
▲ Wie schreibt man das?↘
◆ Ich buchstabiere: K-A-T-R-I-N-A und O-R-L-O-W-A.↘

1 Katrina Orlowa
2 ______________
3 ______________
4 ______________
5 ______________

D Haben Sie ein Zimmer frei?

Ü12, Ü13 **D1 Reservierungsanfrage**

a **Lesen Sie die E-Mail. Was verstehen Sie? Markieren Sie. Arbeiten Sie zu zweit.**

Von: n.neff@gmx.de
An: info@hotelzursonne.de
Betreff: Reservierung vom 21.03. bis 28.03.
Datum: 14.01.20...

Sehr geehrte Damen und Herren,

vom 21.3. bis 28.03. bin ich in Berlin. Ich hätte gern ein Einzelzimmer. Haben Sie etwas frei? Ich habe noch eine Frage: Hat das Zimmer auch einen Safe und WLAN?

Vielen Dank!

Mit freundlichen Grüßen

Nina Neff

• WLAN

b **Lesen Sie die E-Mail noch einmal. Was ist richtig? Kreuzen Sie an.**

1 ◯ Nina Neff kommt aus Berlin.
2 ◯ Sie sucht ein Zimmer für sieben Nächte.
3 ◯ Sie kommt mit ihrer Familie.
4 ◯ Sie hätte gern einen Safe und Internet.

• Internet

c **Lesen Sie die Antwort und ordnen Sie die Sätze.**

Von: info@hotelzursonne.de
An: n.neff@gmx.de
Betreff: Re: Reservierung vom 21.03. bis 28.03.
Datum: 16.01.20...

___ Sara Gruber, Hotel „Zur Sonne“

___ vielen Dank für Ihre E-Mail.

___ Die Zimmer haben WLAN, einen Fernseher, ein Telefon und eine Minibar, aber keinen Safe. Wir haben einen Safe an der Rezeption.

___ Mit freundlichen Grüßen

_1_ Sehr geehrte Frau Neff,

___ Gern reservieren wir für Sie ein Einzelzimmer vom 21.3. bis 28.03.

• Sauna

Ü14 **D2 „Mein“ Hotel**

▶ 27 a **Hören Sie die Wörter. Schlagen Sie unbekannte Wörter im Wörterbuch nach.**

Hotel: ◯ • Lift/Fahrstuhl | ◯ • Restaurant | ◯ • Bar | ◯ • Parkplatz | ◯ • Garage | ◯ • Sauna | ◯ • Whirlpool

Zimmer: ◯ • Safe | ◯ • Minibar | ◯ • Fernseher | ◯ • Telefon | ◯ • WC | ◯ • Balkon

• Parkplatz

• Balkon

• Garage

b **Was gibt es in „Ihrem“ Hotel / „Ihren“ Hotelzimmern? Kreuzen Sie drei Wörter an.**

c Spielen Sie eine Situation an der Rezeption. Arbeiten Sie zu zweit. Fragen und antworten Sie. Tauschen Sie dann die Rollen (Gast, Rezeptionist).

- (k)einen
- (k)ein
- (k)eine

Hat das Zimmer einen Safe?

Ja, natürlich. / Nein, tut mir leid, das Zimmer hat keinen Safe.

Hat das Hotel ein Restaurant?

Ü15 D3 Probleme im Hotel

Sehen Sie die Bilder an. Gibt es ein Problem? Kreuzen Sie an.

1

2

3

4

1 Das Zimmer ist	◯ klein.	◯ groß.
2 Das Zimmer ist	◯ laut.	◯ ruhig.
3 Der Parkplatz ist	◯ teuer.	◯ billig.
4 Das Restaurant ist	◯ gut.	◯ schlecht.
5 Der Rezeptionist ist	◯ freundlich.	◯ unfreundlich.

5

Ü16, 17 D4 Wie findet Nina das Hotel „Zur Sonne“?

a Lesen Sie die Hotelbewertung und kreuzen Sie an.

nina65 Datum 25.3. Punkte 7/10

Das Zimmer ist ruhig und modern.Ich finde den Service, das Restaurant und die Sauna gut. Problem: Das Internet im Zimmer funktioniert nicht. Das Personal ist immer freundlich. Leider ist der Parkplatz teuer.

	☺	☹
1 • Zimmer	◯	◯
2 • Service	◯	◯
3 • Restaurant	◯	◯
4 • Sauna	◯	◯
5 • Internet	◯	◯
6 • Personal	◯	◯
7 • Parkplatz	◯	◯

b Schreiben Sie Sätze wie im Beispiel.

Nina findet	den	• Service	gut.
	das	• Parkplatz	freundlich.
	die	• Zimmer	modern.
		• Personal	teuer.
		• Restaurant	ruhig.
		• Sauna	

Das Internet funktioniert nicht.

- den
- das
- die

Nina findet das Personal freundlich.

Ihre Wörter

Einstiegsseite
- • Rezeption, -en
- • Schlüssel, -
- • Tourist, -en
- • Anmeldeformular, -e
- • Computer, -
- • Telefon, -e
- • Bar, -s
- • Doppelzimmer, -
- • Fahrstuhl, ¨e
- • Safe, -s
- • Lift, -e
- • Fernseher, -

hier

Abschnitt A
- • Zimmer, -
- • Kongress, -e

sprechen
- • Reise, -n

bleiben
- • Nacht, ¨e

Abschnitt B
- • Formular, -e
- • Familienname, -n
- • Vorname, -n
- • Straße, -n
- • Hausnummer, -n
- • Postleitzahl, -en
- • Wohnort, -e
- • Staat, -en
- • Nationalität, -en
- • Geburtstag, -e
- • Anreise, -n
- • Abreise, -n
- • Datum (Sg.)
- • Unterschrift, -en
- • Personalausweis, -e
- • Visitenkarte, -n

glauben

Abschnitt C
lange

frei
- • Dreibettzimmer, -

kaputt
- • Einzelzimmer, -

haben

gern

schade

gehen
- • Zimmernummer, -n
- • Fax, -e

morgen

schreiben

Abschnitt D
- • Reservierung, -en
- • E-Mail, -s
- • Frage, -n
- • WLAN (Sg.)

suchen
- • Familie, -n
- • Internet (Sg.)

reservieren
- • Parkplatz, ¨e
- • Garage, -n
- • Sauna, Saunen
- • Whirlpool, -s
- • Minibar, -s
- • WC, -s
- • Balkon, -e

natürlich
- • Problem, -e

klein

groß

laut

ruhig

teuer

billig

gut

schlecht

freundlich

unfreundlich

modern

finden
- • Service (Sg.)

funktionieren
- • Personal (Sg.)

immer

leider

Gäste begrüßen und empfangen
Guten Tag!
Herzlich willkommen!
Wie war die Reise?
Einen Moment, bitte.
Hier ist das Anmeldeformular.
Sie haben das Zimmer Nummer ...
Hier ist der Schlüssel.
Einen schönen Aufenthalt!
Wie ist Ihre Zimmernummer?

nach der Aufenthaltsdauer fragen
Sie bleiben ... Nächte. Richtig?
Wie lange bleiben Sie?

sich vorstellen
Mein Name ist ...

sich bedanken
Vielen Dank.
Danke, gut.

etwas vermuten
Ich glaube, das ist ...
Ist das ein/e ...?
Das glaube ich auch.

Auskunft geben, ob Zimmer frei sind
Tut mir leid. Ich habe kein Doppelzimmer.
Tut mir leid. Im Hotel ist kein Zimmer frei.
Ja, das geht. Wir haben ein Einzelzimmer.
Kein Problem!
Ja, natürlich.

fragen, wenn man etwas nicht versteht
Entschuldigung, ist das eine *Null*?
Entschuldigung, wie schreibt man das?
Entschuldigung, wie ist Ihre Zimmernummer?
Entschuldigung, wie ist Ihr Name?

auf eine Reservierungsanfrage antworten
Sehr geehrte Frau ..., ...
Sehr geehrter Herr ..., ...
Sehr geehrte Damen und Herren, ...
Vielen Dank für Ihre E-Mail.
Gern reservieren wir für Sie ...
Mit freundlichen Grüßen

Informationen zum Hotel und zum Zimmer geben
Die Zimmer haben Internet, einen Safe, ...
Das Zimmer hat keinen Safe.
Das Zimmer ist ruhig.
Das Hotel hat keinen Parkplatz.
Das Hotel hat ein Restaurant.

weitere wichtige Wendungen
Ich hätte gern ...
Ach, schade!
Ach so.
Hier bitte.
Ich finde ... gut.
Das Internet funktioniert nicht.
Ja, genau.
Bis morgen!

1

ES/1 **1 Machen Sie das Rätsel. Finden Sie die Lösung.**

a	B	A	R									
b												
c												
d												
e												
f												
g												
h												
i												

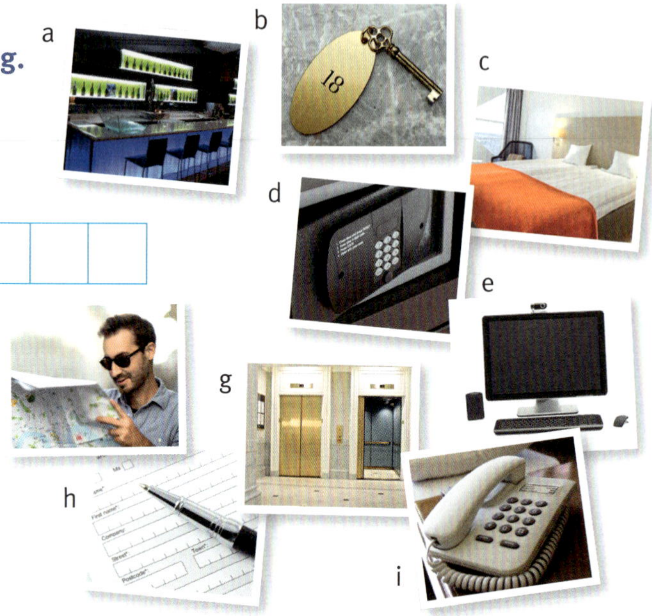

Lösung: R ___________

▶ 28 **2 Ergänzen Sie das Gespräch. Hören Sie dann und vergleichen Sie.**

A1 ~~Guten Tag.~~ | Sie kommen zum Kongress und bleiben sieben Nächte. | Hier ist der Schlüssel. | Einen schönen Aufenthalt. | Hier ist das Anmeldeformular. | Herzlich willkommen, Frau Langer. | Wie war die Reise?

▲ Guten Tag. (a)
◆ Guten Tag. Mein Name ist Langer, Katja Langer von der Firma Hoffmann und Partner.
▲ ___________ (b) ___________ (c)
◆ Danke, gut.
▲ Einen Moment bitte. ___________ (d)
Ist das richtig?
◆ Ja, genau.
▲ ___________ (e)
◆ Danke.
▲ Sie haben das Zimmer Nummer 12. ___________ (f)
___________ (g)
◆ Vielen Dank.

3 Was passt? Kreuzen Sie an.

a 1 ◯ ▲ Herzlich willkommen, Frau Meier. ◆ Danke, gut.
2 ⊗ ▲ Wie war die Reise?
3 ◯ ▲ Sie bleiben zwei Nächte. Ist das richtig?

b 1 ◯ ▲ Sie bleiben fünf Nächte. Ist das richtig? ◆ Ja, genau.
2 ◯ ▲ Sie haben Zimmer Nummer 15.
3 ◯ ▲ Hier ist das Anmeldeformular.

c 1 ◯ ▲ Einen Moment, bitte. ◆ Vielen Dank!
2 ◯ ▲ Sie bleiben eine Nacht. Ist das richtig?
3 ◯ ▲ Hier ist der Schlüssel. Einen schönen Aufenthalt.

▶ 29 **4 Aussprachetraining: Satzmelodie. Hören Sie und sprechen Sie nach.**

A2
▲ Herzlich willkommen, Herr Schmidt.↘ Wie war die Reise?↗
◆ Danke, gut.↘
▲ Einen Moment, bitte.↘ ... Sie bleiben zwei Nächte.↗ Ist das richtig?↗
◆ Ja, genau.↘
▲ Sie haben das Zimmer Nummer 22.↘ Hier ist der Schlüssel.↘
◆ Vielen Dank.↘

1

▶ 30 **5 Aussprachetraining: *ch*. Hören Sie und sprechen Sie nach.**

a Frau Macht, Sie bleiben eine Nacht in Zimmer acht.
b Herr Hecht, Sie bleiben sechzehn Nächte in Zimmer sechzig.

B1 **6 Was passt wo? Ordnen Sie zu.**

• Abreise | • Anreise | • ~~Datum~~ | • ~~Familienname~~ | • Geburtstag | • Hausnummer | • Nationalität | • Postleitzahl | • Staat | • Straße | • Telefon | • Unterschrift | • Vorname | • Wohnort

ANMELDEFORMULAR
HOTEL INTERCOM

a	Familienname	Langer
b		Katja
c		Bachstraße 5
d		50858 Köln
e		Deutschland
f		deutsch
g		0221/5646908
h		04.12.1979
i		11.05.
j		18.05.
k	Datum,	11.05., Katja Langer

B4 **7 Was ist das? Ergänzen Sie.**

a ▲ Hier ist ein Schlüssel. ◆ Ja, genau, das ist der Schlüssel von Herrn Rüss.
b ▲ Hier ist ____ Visitenkarte. ◆ Ja, genau, das ist ____ Visitenkarte von Frau Keller.
c ▲ Hier ist ____ Computer. ◆ Ja, genau, das ist ____ Computer von Frau Simons.
d ▲ Hier ist ____ Telefon. ◆ Ja, genau, das ist ____ Telefon von Herrn Till.

ÜBUNGSTEIL

1

8 Ergänzen Sie *ein, eine* und *kein, keine*.

a 

▲ Ich glaube, das ist _ein_ Safe.
◆ Das ist doch ______ Safe!

b 

▲ Ich glaube, das ist ______ Telefon.
◆ Das ist doch ______ Telefon!

c 

▲ Ich glaube, das ist ______ Kellner.
◆ Das ist doch ______ Kellner!

d 

▲ Ich glaube, das ist ______ Rezeptionistin.
◆ Das ist doch ______ Rezeptionistin!

C2 ## 9 Wie lange bleiben Sie?

a **Ordnen Sie zu.**

1 Wie lange	a ein Einzelzimmer.
2 Ich hätte gern	b leid.
3 Tut mir	c bleiben Sie?

▶ 31 b **Ergänzen Sie mit den Sätzen aus a. Hören Sie dann und vergleichen Sie.**

▲ Guten Abend.
◆ Guten Abend. ______________________ (a).
▲ ______________________ (b)?
◆ Zwei Nächte.
▲ Einen Moment, bitte ... ______________ (c). Ich habe kein Einzelzimmer.
◆ Ach, schade!

C3 ## 10 Fragen an der Rezeption

a **Schreiben Sie die Fragen richtig.**

1 Ihre / Wie / Zimmernummer / ist / ? ◆ ______________________
2 Wie / Ihr Name / ist / ? ◆ ______________________
3 schreibt / das / man / Wie / ? ◆ ______________________

b **Ergänzen Sie die Fragen und die Antworten.**

1 ▲ Entschuldigung, wie _ist Ihre Zimmernummer?_ ◆ _Meine Zimmernummer ist_ 34.
2 ▲ Entschuldigung, wie ______________ ? ◆ _Mein_ ______________ Karla Kollus.
3 ▲ Entschuldigung, wie ______________ ? ◆ Ich ______________ : W-O-L-T-E-R

▶ 32 ## 11 Wie heißen die Personen? Hören Sie und ergänzen Sie die Namen.

A 

B 

C 

MARIA _ _ _ _ _ _ _ _ _ _

Ä, ä, Ö, ö, Ü, ü → a, o, u-Umlaut

D1 **12 Was schreibt man in einer formellen E-Mail? Kreuzen Sie an.**

a 1 ◯ Sehr geehrte Frau ... / Sehr geehrter Herr ...
2 ◯ Verehrter Herr! / Verehrte Dame!
3 ◯ Meine Damen und Herren, ...

b 1 ◯ Freundliche Grüße
2 ◯ Viele Grüße
3 ◯ Mit freundlichen Grüßen

c 1 ◯ Danke für die Mail.
2 ◯ Vielen Dank für Ihre E-Mail.
3 ◯ Vielen Dank für E-Mail.

13 Schreiben Sie die Antwort auf die E-Mail richtig.

Beachten Sie: Was schreiben Sie groß, was klein?

E-Mail

Sehr geehrte Damen und Herren,

vom 7.8. bis 9.8. bin ich in Berlin und hätte gern ein Einzelzimmer. Haben Sie etwas frei? Ich habe noch eine Frage: Hat das Zimmer auch eine Minibar?

Vielen Dank!

Mit freundlichen Grüßen

Silke Paulsen

SEHRGEEHRTEFRAUPAULSENVIELENDANKFÜRIHREE-MAILGERNRESERVIEREN
WIRFÜRSIEEINEINZELZIMMERVOM78BIS98DASZIMMERHATAUCHEINEMINIBAR
MITFREUNDLICHENGRÜßENSARAKORNGRUBERHOTELZURSONNE

Sehr geehrte Frau Paulsen,

D2 **14 Was hat das Hotel, was nicht? Schreiben Sie.**

Das Hotel hat eine Sauna, keine Bar,

1

ÜBUNGSTEIL

1

D3 ## 15 Gut und schlecht

a **Markieren Sie zehn Adjektive und schreiben Sie.**

FGTHKLEINKLUDSTTEUERUIPOBAMODERNKLRAERSCHLECHTWEACSFBILLIGASDRGGUTOASTDGROSS KLRTAFREUNDLICHASGDHUNFREUNDLICHADKAIJDRUHIG

1 klein 2 ____ 3 ____ 4 ____ 5 ____
6 ____ 7 ____ 8 ____ 9 ____ 10 ____

b **Wie heißt das Gegenteil? Ergänzen Sie.**

1 klein – groß
2 laut – ____
3 teuer – ____
4 schlecht – ____
5 unfreundlich – ____

▶ 33 ## 16 Ergänzen Sie. Hören Sie dann und vergleichen Sie.

D4 das Restaurant | den Service | den Parkplatz | Der Parkplatz | das Zimmer | ~~den Rezeptionisten~~

▲ Entschuldigung, wie finden Sie ____ (a)? ◆ Gut. Der Koch ist sehr gut.
▲ Und wie finden Sie ____ (b)? ◆ Sehr gut. Alle sind sehr freundlich.
▲ Und wie finden Sie ____ (c)? ◆ Gut, ruhig und groß.
▲ Und wie finden Sie ____ (d)? ◆ Na ja, er ist ein bisschen klein.
▲ ____ (e) ist zu klein? ◆ Ja, ich finde, er ist klein.
▲ Aha. Und wie finden Sie den Rezeptionisten (f)? ◆ Prima. Er ist immer freundlich.
▲ Okay. Vielen Dank für die Bewertung.

17 Ganz modern

a **Was ist richtig? Kreuzen Sie an.**

1 ◯ Das Hotel ist modern.
2 ◯ Die Zimmer sind ruhig.
3 ◯ Das Internet funktioniert nicht.
4 ◯ Das Restaurant ist nicht gut.
5 ◯ Das Personal ist freundlich.
6 ◯ Die Garage ist groß.

b **Korrigieren Sie die falschen Sätze.**

1 Das Hotel ist nicht modern.
2 Die ____

Zimmer mit Frühstück

2

Ü 1 **1 Sehen Sie die Fotos an und ordnen Sie zu.**

1 ◯ • Bad mit Badewanne/Dusche
2 ◯ • Gepäck im Auto
3 ◯ • Frühstücksbuffet
4 ◯ • Zimmerservice
5 ◯ • Fernsehprogramm
6 ◯ • Gepäckservice
7 (H) deutsche Fernsehprogramme
8 ◯ • Trinkgeld

Das lernen Sie:

- Gepäckservice anbieten
- Informationen zum Zimmer geben
- Uhrzeiten und Wochentage nennen
- Informationen zum Animationsprogramm geben
- Informationen zu einem Fahrplan geben
- Frühstück im Hotel: Speisen und Getränke benennen
- eine Bestellung aufnehmen
- etwas aufs Zimmer bringen

Und hier ist Ihr Zimmer.

Ü2 A1 Haben Sie Gepäck?

▶34 a **Hören Sie das Gespräch. Was ist richtig? Kreuzen Sie an.**

1 ◯ Der Gast hat Gepäck.
2 ◯ Das Gepäck ist an der Rezeption.
3 ◯ Das Gepäck ist im Auto.
4 ◯ Der Gast bringt das Gepäck aufs Zimmer.

das Gepäck aufs Zimmer bringen

▶34 b **Ordnen Sie das Gespräch. Hören Sie noch einmal und vergleichen Sie.**

◯ Wir bringen es aufs Zimmer.
(1) So, und hier ist Ihr Schlüssel.
◯ Einen schönen Aufenthalt.
◯ Ja, hier.
◯ Vielen Dank.
◯ Danke. Das ist nett.
◯ Haben Sie Gepäck?

c **Spielen Sie das Gespräch. Tauschen Sie dann die Rollen (Gast, Rezeptionist).**

Ü3,4 A2 Hier ist Ihr Zimmer.

▶35 a **Hören und lesen Sie das Gespräch.**

- ◆ ... und hier ist Ihr Zimmer. Bitte sehr, nach Ihnen.
- ▲ Danke.
- ◆ Hier ist das Fernsehprogramm.
- ▲ Ach ja. Danke.
- ◆ Sie können auch deutsche Programme sehen.
- ▲ Ah ja, gut.
- ◆ Kann ich noch etwas für Sie tun?
- ▲ Nein. Vielen Dank. Das ist für Sie.
- ◆ Vielen Dank.

b **Spielen Sie ähnliche Gespräche.**

1 das Telefon | auch die Rezeption anrufen
2 der Wifi-Code | ins Internet gehen
3 die Minibar | auch den Zimmerservice anrufen

WLAN — Wifi = WLAN

Ü5 **A3 Zimmer mit Dusche und WC**

a **Was gibt es in dem Hotelzimmer und in dem Bad? Ordnen Sie zu.**

- ◯ • Lampe
- ◯ • Schrank
- (1) • Bett
- ◯ • Tisch
- ◯ • Stuhl
- ◯ • Sessel
- ◯ • Telefon
- ◯ • Fernseher

- ◯ • Waschbecken
- ◯ • Dusche
- ◯ • Toilette/• WC
- ◯ • Spiegel
- ◯ • Föhn
- ◯ • Badewanne
- ◯ • Handtuch
- ◯ • Toilettenpapier

b **Zeigen Sie und sprechen Sie wie in den Beispielen.**

Wo ist der Spiegel?

Er ist hier.

Wo ist das Bett?

Es ist hier.

Wo ist die Dusche?

Sie ist hier.

• der → er
• das → es
• die → sie

Am Montag um 10:30 Uhr

Ü6 B1 Es ist jetzt sieben Uhr.

a **Sehen Sie die Bilder an und ordnen Sie zu.**

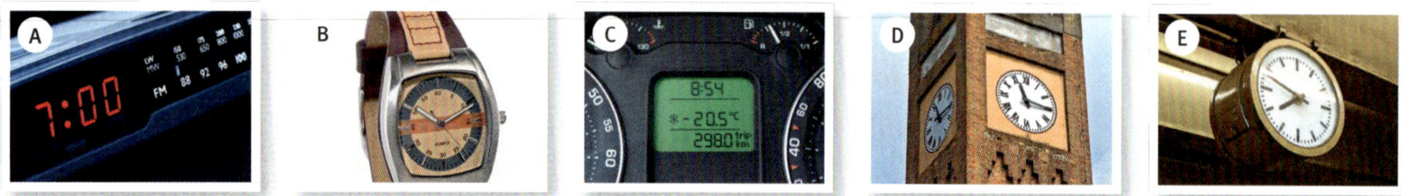

(C) acht Uhr vierundfünfzig ◯ sieben Uhr ◯ neunzehn Uhr achtundvierzig
◯ zehn Uhr zehn ◯ elf Uhr fünfzehn

▶36 b **Hören Sie und ergänzen Sie *halb*, *vor* oder *nach*.**

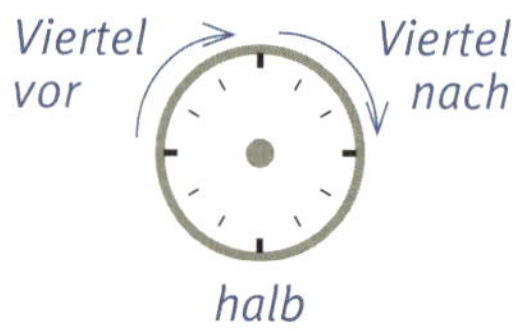

		Es ist ...
1	8 Uhr 15 / 20 Uhr 15	Viertel nach acht.
2	8 Uhr 30 / 20 Uhr 30	______ neun.
3	8 Uhr 45 / 20 Uhr 45	Viertel ______ neun.
4	8 Uhr 55 / 20 Uhr 55	fünf ______ neun.
5	9 Uhr / 21 Uhr	neun Uhr.
6	9 Uhr 5 / 21 Uhr 5	fünf ______ neun.

c **Wie spät ist es? Zeichnen Sie eine Uhr und zeigen Sie eine Uhrzeit wie im Beispiel. Sprechen Sie.**

Wie spät ist es?

Es ist sechzehn Uhr fünfzehn.

Es ist Viertel nach vier.

Ü7,8 B2 Das Programm im Hotel

a **Lesen Sie das Programm und ordnen Sie die Fotos zu.**

HOTEL „ZUR SONNE“
Programm 12.7. – 18.7.

Montag 12.07. 10:30 Uhr
(E) Gymnastik im Pool

Dienstag 13.07. 9:15 Uhr
◯ Yoga

Mittwoch 14.07. 10 Uhr
◯ Ausflug nach Potsdam

Donnerstag 15.07. 10:30 Uhr
◯ Beachvolleyball

Freitag 16.07. 19:30 Uhr
◯ Großes Fischbuffet

Samstag 17.07. 21:30 Uhr
◯ Cocktail-Party

Sonntag 18.07. 20:00 Uhr
◯ KARAOKE

B

2

b **Was möchten Sie machen? Kreuzen Sie an und spielen Sie Gespräche wie im Beispiel.**

- ◯ Beachvolleyball spielen
- ◯ einen Auflug machen
- ◯ Gymnastik machen
- ◯ Yoga machen
- ◯ einen Cocktail trinken
- ◯ Karaoke singen
- ◯ Fisch essen

◆ Wann kann ich Yoga machen?
▲ Am Dienstag um 9 Uhr 15.
◆ Danke.

◆ Wann kann ich …?
▲ …

Wann?
am Montag / Dienstag / …
um 12 Uhr / 20:30 Uhr / …

Ü9 B3 Ein Ausflug nach Potsdam

▶ 37 a **Hören Sie und sprechen Sie nach.**

◆ Entschuldigung, ich möchte nach Potsdam fahren. Wann fährt da eine S-Bahn?
▲ Einen Moment, bitte. Die S-Bahn fährt um 12:05 Uhr am Hauptbahnhof ab.
◆ Aha. Und wann komme ich in Potsdam an?
▲ Um 12:45 Uhr.
◆ Vielen Dank.

nach Potsdam — in Potsdam

Berlin, Hauptbahnhof	ab 12:05	abfahren
Potsdam, Hauptbahnhof	an 12:45	ankommen

ab|fahren	Die S-Bahn	fährt	um 12:05 Uhr	ab.
an|kommen	Wann	komme	ich in Potsdam	an?

Ihre Verbindungen:

von: Berlin Hbf — Datum: Fr., 26.06.20..
nach: Potsdam Hbf (S) — Zeit: 12:01 (Abfahrt)

Details	Start/Ziel		Datum: Zeit:	Dauer:	Verkehrsmittel
1	S+U Berlin Hbf S Potsdam Hbf	29.06.	ab 12:05 an 12:45	0:40	S
2	S+U Berlin Hbf S Potsdam Hbf	29.06.	ab 12:15 an 12:55	0:40	S
3	S+U Berlin Hbf S Potsdam Hbf	29.06.	ab 12:25 an 13:05	0:40	S

→ Details zeigen → Drucken → Anfrage ändern → Neue Anfrage → Rückfahrt

b **Lesen Sie den Fahrplan und spielen Sie ähnliche Dialoge.**

Kaffee oder Tee?

Ü10 C1 Frühstücksbuffet im Hotel

a **Sehen Sie das Foto an und ordnen Sie die Speisen und Getränke zu.**

• Butter | • Croissant | • Joghurt | • Kaffee | • Müsli | • Tee | • Toast |

b **Was gibt es noch bei Ihnen am Frühstücksbuffet? Sprechen Sie im Kurs.**

Bei uns gibt es noch Fisch.

▶38 C2 Mein Sonntagsfrühstück

Ü11,12 **Lesen und hören Sie und machen Sie Interviews in der Klasse.**

nie → selten → manchmal → oft → meistens → immer

Wann frühstücken Sie / frühstückst du am Sonntag?

Meistens um neun.

Immer um acht.

Was isst du / essen Sie zum Frühstück?

Ich esse manchmal Brötchen mit Käse.

Ich esse oft Brot mit Marmelade.

Ü13, 14 C3 Beim Frühstück

▶ 39 a **Hören Sie das Gespräch und ergänzen Sie die Namen.**

1 Jule mag keinen Käse. 2 ______ mag Käse.

3 ______ mag keine Wurst. 4 ______ mag Marmelade.

5 ______ trinkt Kaffee. 6 ______ und ______ trinken Orangensaft.

b **Was mögen Sie *nicht*?**
Sehen Sie das Foto in C1 an. Fragen und antworten Sie wie im Beispiel.

Was mögen Sie / magst du nicht?

Ich mag keine Eier, und du?

Ich mag keinen Kaffee.

- keinen
- kein
- keine
- keine

▶ 40 c **Hören Sie und sprechen Sie nach.**

◆ Guten Morgen! Was möchten Sie trinken?
▲ Guten Morgen! Tee, bitte.
◆ Und was möchtet ihr trinken?
Haben Sie Ananassaft?
◆ Nein, tut mir leid!
Dann trinken wir Cola.
◆ Sehr gern!

d **Spielen Sie ähnliche Gespräche wie in c.**

Guten Morgen | Guten Tag | Guten Abend
Orangensaft | Tee | Cappuccino | Cola | Kaffee | Milch | Kakao | Fanta | ...

Was kann ich für Sie tun?

Ü15 **D1 Katja Langer telefoniert.**

a **Sehen Sie die Zeichnung an. Wen ruft Katja Langer an? Was glauben Sie? Kreuzen Sie an.**

- ◯ ihren Chef
- ◯ die Rezeption
- ◯ den Zimmerservice
- ◯ …

▶ 41 b **Hören Sie das Gespräch und vergleichen Sie.**

▶ 41 c **Was möchte Frau Langer zum Frühstück? Hören Sie das Gespräch noch einmal und kreuzen Sie an.**

d **Vergleichen Sie mit Ihrer Partnerin / Ihrem Partner.**

HOTEL INTERCOM

FRÜHSTÜCKSBESTELLUNG

Bitte kreuzen Sie an. Sie können Ihr Frühstück bis 23 Uhr telefonisch bestellen: Zimmerservice (-01)

KLASSISCH		EXTRAS
☐ Brot	☐ Käse	☐ eine Portion Obst
☐ Brötchen	☐ Wurst	☐ eine Portion Müsli
☐ Croissant	☐ Schinken	☐ Joghurt
☐ Toast	☐ Marmelade	☐ ein Ei
☐ Kaffee	☐ Honig	☐ eine Portion Rührei
☐ Tee	☐ Butter	☐ Omelett
☐ Milch		☐ Orangensaft

D2 Frühstück bestellen

a **Was möchten Sie bestellen? Machen Sie Notizen.**

____

b **Lesen Sie und spielen Sie ähnliche Gespräche.**

◆ Zimmerservice, guten Abend. Was kann ich für Sie tun?

▲ Guten Abend. ______________ hier, Zimmer ______. Kann ich bitte das Frühstück bestellen?

◆ Sehr gern. Ja, bitte?

▲ Also, ich hätte gern ______________ und ______________.

◆ Gut. Darf es sonst noch etwas sein?

▲ Nein, danke.

◆ Um wie viel Uhr möchten Sie frühstücken, Herr/Frau ______________?

▲ Um ______________.

◆ Alles klar. Vielen Dank für Ihre Bestellung.

> Ich hätte gern … =
> Ich möchte bitte …

Ü 16 D3 Der Zimmerservice bringt das Frühstück.

a **Sehen Sie die Zeichnung an. Was sagt Jo Steiger? Was glauben Sie? Kreuzen Sie an.**

◯ *Super, das Frühstück ist da!*

◯ *Frühstück?*

▶ 42 b **Hören Sie das Gespräch. Was passt zu Jo Steiger, was zur Kellnerin? Ordnen Sie zu.**

Jo Steiger — 2
Die Kellnerin

1 bringt das Frühstück für Katja Langer.
2 hat schon gefrühstückt.
3 bringt das Frühstück für Zimmer 21.
4 ist im Hotelzimmer.
5 hat gut geschlafen.

machen	→	gemacht
frühstücken	→	gefrühstückt
schlafen	→	geschlafen

c **Wer sagt was? Lesen Sie und ergänzen Sie die Sätze.**

Da habe ich einen Fehler gemacht. | Haben Sie gut geschlafen? | Ich habe schon gefrühstückt.

Kellnerin	Guten Morgen, Zimmerservice.
Jo Steiger	Herein.
Kellnerin	Guten Morgen. ______
Jo Steiger	Ja, danke.
Kellnerin	Hier ist Ihr Früstück.
Jo Steiger	Äh, dankeschön. Frühstück? ______
Kellnerin	Oh, Entschuldigung. Ist hier nicht Zimmer 21? Frühstück für Katja Langer.
Jo Steiger	Zimmer 21 ist richtig. Aber ich bin nicht Katja Langer. Ich heiße Steiger, Jo Steiger.
Kellnerin	Oh. Tut mir leid. ______. Entschuldigung.
Jo Steiger	Katja Langer?

d **Warum sagt Jo Steiger „Katja Langer?“? Was glauben Sie? Kreuzen Sie an.**

◯ Er mag den Namen „Katja“.
◯ Er kennt Katja Langer.
◯ Die Kellnerin heißt Katja Langer.
◯ ...

Dienstag, 11.5.	gestern
Mittwoch, 12.5.	heute
Donnerstag, 13.5.	morgen

D4 Was habe ich gestern gemacht?

Ihre Partnerin / Ihr Partner vermutet, was Sie gestern gemacht haben. Sie antworten „Richtig!“ oder „Falsch!“ wie im Beispiel.

Yoga machen | lange schlafen | Sport machen | Gymnastik machen | einen Fehler machen | im Deutschkurs schlafen | im Café frühstücken | ...

Du hast gestern im Café gefrühstückt.

Richtig!

Ihre Wörter

Einstiegsseite

• Frühstück (Sg.)
mit
• Bad, ¨-er
• Badewanne, -n
• Dusche, -n
• Gepäck (Sg.)
• Auto, -s
• Frühstücksbuffet, -s
• Fernsehprogramm, -e
• Gepäckservice, -s
deutsch
• Trinkgeld, -er

Abschnitt A

• Gast, ¨-e
bringen
nett
nach
können
sehen
etwas
für
anrufen
• Wifi-Code, -s
• Lampe, -n
• Schrank, ¨-e
• Bett, -en
• Tisch, -e
• Stuhl, ¨-e
• Sessel, -
• Waschbecken, -
• Toilette, -n
• Spiegel, -
• Föhn, -e
• Handtuch, ¨-er
• Toilettenpapier (Sg.)

Abschnitt B

am
• Montag, -e
um
Viertel
vor
nach
halb
• Programm, -e
• Dienstag, -e
• Mittwoch, -e
• Donnerstag, -e
• Freitag, -e
• Samstag, -e
• Sonntag, -e
• Gymnastik (Sg.)
• Yoga (Sg.)
• Ausflug, ¨-e
• Beachvolleyball (Sg.)
• Fischbuffet, -s
• Cocktail-Party, -s
• Karaoke (Sg.)
spielen
trinken
• Fisch, -e
essen
wann
fahren
• S-Bahn, -en
abfahren
• Hauptbahnhof, ¨-e
ankommen
möchten
singen
spät

Abschnitt C

• Kaffee (Sg.)
• Tee, -s
• Butter (Sg.)
• Joghurt, -s
• Müsli, -s
• Toast, -s
• Croissant, -s
• Brot, -e
• Brötchen, -
• Honig (Sg.)
• Marmelade, -n
• Kakao (Sg.)
• Käse (Sg.)
• Milch (Sg.)
• Obst (Sg.)
• Ananas, -
• Orangensaft, ¨-e
• Saft, ¨-e
• Schinken (Sg.)
• Wurst (Sg.)
• Ei, -er
frühstücken
nie
selten
manchmal
oft
meistens
sehr
mögen
• Cola (Sg.)

Abschnitt D

• Chef, -s
bis
telefonisch
bestellen
• Hotelzimmer, -
• Portion, -en
• Rührei, -er
• Omelett, -s
super
da
• Fehler, -
gestern
heute
morgen
• Sport (Sg.)
aber
• Café, -s
schlafen

Gepäckservice anbieten
Haben Sie Gepäck?
Ja, hier / im Auto.
Wir bringen es aufs Zimmer.
Danke. Das ist sehr nett.

Informationen zum Zimmer geben
Hier ist Ihr Zimmer.
Bitte sehr, nach Ihnen.
Hier ist das Fernsehprogramm / das Telefon / die Minibar ...
Kann ich noch etwas für Sie tun?
Das ist für Sie.

Uhrzeiten und Wochentage nennen
Wie spät ist es?
Es ist Viertel nach / vor vier / ...
Um 12:45 Uhr.
Am Dienstag um 12 Uhr. / Am Mittwoch um 20:30 Uhr.
Um wie viel Uhr möchten Sie frühstücken?
Um 8 Uhr.

Informationen zum Animationsprogramm geben
Wann kann ich Yoga / einen Ausflug ... machen?
Wann ist Yoga / Gymnastik ...?
Yoga / Gymnastik ... ist am Montag / Dienstag.

Informationen zu einem Fahrplan geben
Entschuldigung, ich möchte nach Potsdam fahren.
Wann fährt da eine S-Bahn?
Die S-Bahn fährt um 12:05 Uhr am Hauptbahnhof ab.
Wann komme ich in Potsdam an?

Frühstück: Speisen und Getränke benennen
Ich mag ...
Was mögen Sie (nicht)?
Brot mit ...
Brötchen mit ...

eine Bestellung aufnehmen
Was möchten Sie / möchtet ihr trinken?
Tee / Eine Cola, bitte.
Ich hätte gern ...
Ich möchte bitte ...
Haben Sie Ananassaft?
Nein, tut mir leid!
Dann trinken / essen wir ...
Was kann ich für Sie tun?
Kann ich ... bestellen?
Vielen Dank für Ihre Bestellung.
Darf es sonst noch etwas sein?

etwas aufs Zimmer bringen
Guten Morgen!
Herein.
Hier ist Ihr Frühstück.

2

ES/1 **1 Was passt zusammen?**
Verbinden Sie und ergänzen Sie den passenden Artikel.

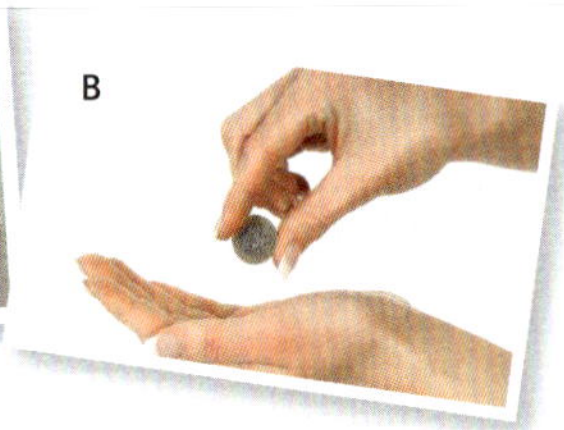

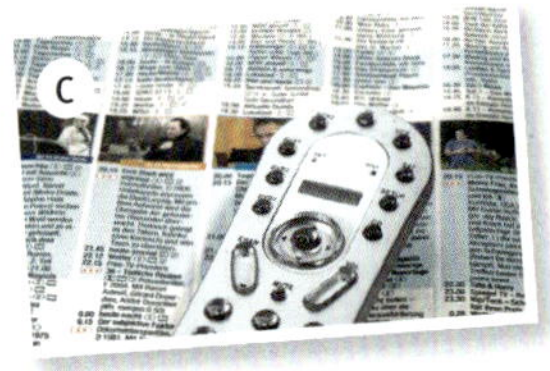

a der Zimmer- -geld
b ____ Gepäck- -programm
c ____ Frühstücks- -service
d ____ Bade- -service
e ____ Fernseh- -buffet
f ____ Trink- -wanne

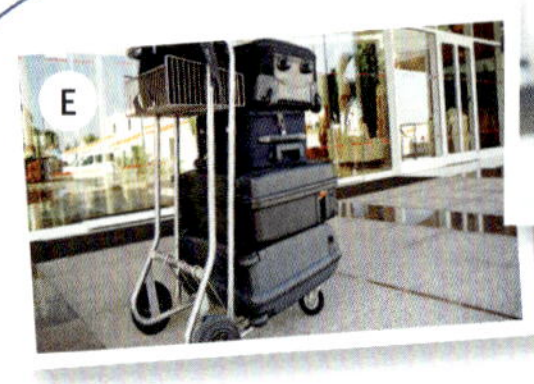

A1 **2 Was passt? Ergänzen Sie.**

Ihr Schlüssel | drei Tage | Aufenthalt | das Gepäck aufs Zimmer | ist im Auto | Gepäck

a ◆ Ich bleibe ______________________.
b ▲ Hier ist ______________________.
c ▲ Haben Sie ______________________?
d ◆ Das Gepäck ______________________.
e ▲ Wir bringen ______________________.
f ▲ Einen schönen ______________________!

▶ 43 **3 Hören Sie das Gespräch und ordnen Sie zu.**

A2 Zimmermädchen
a ▲ Das ist Ihr Zimmer. Bitte sehr, nach Ihnen.
b ▲ Hier sind der Safe und das Telefon.
c ▲ Und hier ist auch Ihr Gepäck.
d ▲ Ja, hier ist das Fernsehprogramm.
Kann ich noch etwas für Sie tun?

Gast
1 ◆ Ah ja, gut.
2 ◆ Nein, danke. ... Das ist für Sie.
3 ◆ Danke.
4 ◆ Vielen Dank. Kann ich auch deutsche
Programme sehen?

4 Ergänzen Sie.

sehen | gehen | frühstücken | schreiben | anrufen

a Sie können im Zimmer frühstücken.
b Der Gast kann deutsche Programme ______________.
c Sie können die Rezeption ______________.
d Wo kann ich E-Mails ______________?
e Sie können auch ins Internet ______________.

A3 **5 Finden Sie 15 Wörter zum Thema „Zimmer mit Bad“. Markieren Sie.**

W	C	N	O	L	S	T	H	R	A	B	E	Y	T	A	R
L	M	I	E	D	Ü	L	A	M	P	E	U	X	O	B	F
F	Ö	H	N	T	F	I	N	A	B	T	H	L	I	T	E
G	S	T	H	I	G	N	D	E	S	T	U	H	L	O	R
K	P	B	R	S	J	Z	T	T	L	F	I	P	E	F	N
R	V	W	S	C	E	S	U	K	G	I	Ä	B	T	E	S
W	A	S	C	H	B	E	C	K	E	N	S	O	T	W	E
O	H	P	H	T	Ä	S	H	O	H	A	M	K	E	T	H
M	E	I	R	U	T	S	F	A	L	T	G	A	N	Z	E
I	O	E	A	D	V	E	J	N	W	M	O	E	P	A	R
C	F	G	N	M	G	L	I	M	I	N	I	B	A	R	A
A	U	E	K	I	O	V	L	D	E	P	Ö	R	P	B	D
D	E	L	X	D	U	S	C	H	E	T	A	H	I	E	T
E	B	K	P	S	B	R	I	Ü	H	S	E	L	E	K	M
O	I	F	E	Y	Z	A	U	M	R	A	N	J	R	I	Ö

▶ 44 **6 Wie spät ist es? Hören Sie und kreuzen Sie an.**

B1

a	b	c	d	e
1 ◯ 14:10	1 ◯ 12:20	1 ◯ 06:45	1 ◯ 20:16	1 ◯ 20:40
2 ◯ 10:40	2 ◯ 12:26	2 ◯ 18:54	2 ◯ 06:20	2 ◯ 02:40
3 ◯ 10:14	3 ◯ 20:20	3 ◯ 18:45	3 ◯ 16:20	3 ◯ 20:20

B2 **7 Was passt? Ordnen Sie zu.**

Gymnastik | Fischbuffet | ~~Ausflug~~ | Party | Volleyball | Karaoke | Yoga | Cocktail | Frühstück

Essen und Trinken	Sport	Unterhaltung
		Ausflug

8 Ergänzen Sie wie im Beispiel.

◆ Wann können wir Gymnastik machen? *Mo, 11:15 Uhr*
▲ Am Montag um Viertel nach elf.

a ◆ Wann können wir Yoga machen? *Di, 08:30 Uhr*
▲ ______________________.

b ◆ Wann können wir einen Ausflug machen? *Mi, 10:00 Uhr*
▲ ______________________.

c ◆ Wann können wir Volleyball spielen? *Do, 15:45 Uhr*
▲ ______________________.

d ◆ Wann können wir Fisch essen? *Fr, 19:30Uhr*
▲ ______________________.

e ◆ Wann können wir einen Cocktail trinken? *Sa, 21:30 Uhr*
▲ ______________________.

f ◆ Wann können wir Karaoke singen? *So, 22:00 Uhr*
▲ ______________________.

2

ÜBUNGSTEIL

▶ 45 B3 **9 Ergänzen Sie die Sätze und finden Sie die richtige Uhrzeit. Hören Sie dann und vergleichen Sie.**

Hauptbahnhof – Oranienburg: Fahrtzeit 40 Minuten

09:00	06	16	26	36	46	56
10:00	06	26	46			
11:00	06	26	46			

▲ Ich möchte nach Oranienburg fahren.

◆ Wann ______ (a)? *(fahren / Sie / möchten)*

▲ Um halb elf. Fährt da eine S-Bahn?

◆ Ja, die S-Bahn ______ (b). *(?? Uhr ?? / ab / am Hauptbahnhof / um / fährt)*

2

▲ Gut, und wann komme ich in Oranienburg an?

◆ ______ (c). *(Um / ?? Uhr ??)*

▲ Kann ich auch um neun Uhr fahren?

◆ Ja, die S-Bahn ______ (d). *(um / fährt / ab / ?? Uhr ??)*

▲ Vielen Dank.

C1 **10 Was passt? Ordnen Sie zu und ergänzen Sie die Artikel.**

• Kaffee | ~~• Brot~~ | • Brötchen | • Croissant | • Schinken | • Wurst | • Käse | • Rührei | • Müsli | • Tee | • Milch | • Joghurt | • Obst | • Marmelade | • Honig | • Orangensaft | • Kakao

essen	trinken
das Brot,	

C2 **11 Bringen Sie die Wörter in die richtige Reihenfolge und ergänzen Sie dann den Blog.**

~~nie~~ | immer | oft | manchmal | meistens | selten

0 % nie ____ 20 % ____ 50 % ____ 70 % ____ 90 % ____ 100 % ____

●●● ◀ ▶ Vivians.Frühstücksblog.ch

Ich frühstücke ______ (a) um 7:00 Uhr. *(100 %)*
______ (b) trinke ich Milchkaffee. *(90 %)*
Tee trinke ich sehr ______ (c). *(20%)*
______ (d) trinke ich auch einen Orangensaft. *(50%)*
Ich esse ______ (e) Brötchen mit Marmelade. *(100%)*
Und ______ (f) esse ich auch einen Joghurt. *(70%)*
Rührei oder Müsli esse ich ______ (g). *(0%)*

▶ 46 **12 Was bestellen die Gäste? Hören Sie die Bestellung und machen Sie Notizen.**

FRÜHSTÜCKSKARTE

Kleines Frühstück — Euro 4,50
Tasse Kaffee oder Tee
zwei Brötchen, Marmelade und Butter

Großes Frühstück — Euro 7,50
Große Tasse Kaffee oder Tee oder Milchkaffee
zwei Brötchen, Croissant, Marmelade, Butter, Schinken, Käse, Ei

Fitness-Frühstück — Euro 7,00
Orangensaft, große Tasse Tee oder Kaffee
Obstsalat, Joghurt und Müsli mit Honig

Frau 1
kleines Frühstück,
keine Brötchen, Toastbrot

Mann

Frau 2

▶ 47 **13 Mögen ☺ oder nicht mögen ☹? Hören und ergänzen Sie.**

C3 a Tee ☹ b Rührei ___ c Ananassaft ___
d Müsli ___ e Croissant ___ f Käse ___

14 Schreiben Sie die passenden Fragen.

WASMÖCHTENSIEESSENWANNMÖCHTENSIEFRÜHSTÜCKENWASMÖCHTENSIETRINKEN
WOMÖCHTENSIEFRÜHSTÜCKEN

a ▲ Wo ___? ◆ Im Zimmer.
b ▲ ___? ◆ Um 9:00 Uhr.
c ▲ ___? ◆ Kaffee, bitte.
d ▲ ___? ◆ Ein Croissant und einen Joghurt, bitte.

D1 **15 Ergänzen Sie die Gespräche. Hören Sie dann und vergleichen Sie.**

▶ 48 a Möchten Sie jetzt den Zimmerservice? | Was kann ich für Sie tun? | Kann ich noch etwas für Sie tun? | Gern, das macht der Zimmerservice. | ~~Einen Moment bitte. ...~~ | Der Gepäckservice kommt sofort.

Rezeptionistin Rezeption, Nadine Müller, guten Abend.
Gast Guten Abend, hier ist Herr Petersen von Zimmer 303.
Rezeptionistin ___ (a)
Gast Ich möchte ein Frühstück für zwei Personen bestellen.
Rezeptionistin ___ (b)
Gast Ja, aber ... Moment, ich ...
Rezeptionistin ___ (c)
Gast Meine Frau hat noch eine Tasche im Auto. Können Sie die ins Zimmer 303 bringen?
Rezeptionistin Einen Moment bitte. ... (d)
Gast Vielen Dank. Das ist sehr freundlich.
Rezeptionistin ___ (e)
Gast Ja, bitte.

2

ÜBUNGSTEIL

▶ 49 b Noch etwas: Wann möchten Sie frühstücken? | Gut, also einmal klassisch. Und was möchten Sie trinken? | Vielen Dank für Ihre Bestellung. | Sonst noch etwas? | Was kann ich für Sie tun? | Ja gern, was möchten Sie, bitte?

Zimmerservice Guten Abend, hier ist der Zimmerservice. Was ______ (a)
Gast Guten Abend, hier ist Zimmer 303. Ich möchte ein Frühstück bestellen.
Zimmerservice ______ (b)
Gast Ich hätte gern ein klassisches Frühstück.
Zimmerservice ______ (c)
Gast Tee, bitte. Und auch noch einen Orangensaft.
Zimmerservice ______ (d)
Gast Nein, das ist alles. Meine Frau möchte kein Frühstück.
Zimmerservice ______ (e)
Gast Um 8:30 Uhr.
Zimmerservice ______ (f)

2

D3 **16 Ergänzen Sie.**

a ◆ Haben Sie gut ______? Hier ist Ihr Frühstück. *(geschlafen, gemacht, gefrühstückt)*
▲ Aber ich habe schon ______. *(gemacht, geschlafen, gefrühstückt)*
◆ Oh, Entschuldigung, da habe ich einen Fehler ______. *(geschlafen, gemacht, gefrühstückt)*

b ◆ Was kann ich für Sie tun?
▲ Wir möchten einen Ausflug ______. *(fahren, machen, sehen)* Gestern haben wir sehr viel Sport ______. *(gemacht, gefrühstückt, geschlafen)* Heute möchten wir nach Potsdam ______. *(sehen, fahren, frühstücken)* Gibt es da eine S-Bahn?
◆ Hier ist der Fahrplan, die S-Bahn fährt um 9:06 ab.
▲ Aber das ist die S-Bahn nach Oranienburg!
◆ Oh, Entschuldigung, da habe ich einen Fehler ______! *(gefrühstückt, geschlafen, gemacht)*. Hier ist der richtige Fahrplan.

Hauptbahnhof – Oranienburg: Fahrtzeit 40 Minuten

09:00	06	16	26	36	46	56
10:00	06	26	46			
11:00	06	26	46			

17 Aussprachetraining: *i* und *e*

▶ 50 a **Hören Sie zu und sprechen Sie nach.**

i → Zimmer – richtig – bitte
i → nie – Ihnen – spielen
e → schlecht – Chef – essen
e → Fehler – Problem – sehen

▶ 51 b **Sind die Vokale lang (e, i) oder kurz (e, i)? Hören Sie zu und markieren Sie.**

i ▲ Ich singe viel in Zimmer vier.
▲ Bitte nie nach sieben!

e ▲ Zehn Kellner sehen sehr gern fern und essen selten. Ja, das geht!

Mit freundlichen Grüßen

3

Ü1 **1 Kommunikation**

a Ordnen Sie die Fotos den Wörtern zu.

◯ • E-Mail | ◯ • Telefongespräch | ◯ • Brief |
◯ • Gespräch | ◯ • Kalender | ◯ • Internetseite | ◯ • Blog

b Was machen Sie hier? Kreuzen Sie an und sprechen Sie im Kurs.

	sprechen	schreiben	lesen	hören
Telefongespräch	⊗	◯	◯	⊗
E-Mail	◯	◯	◯	◯
Gespräch	◯	◯	◯	◯
Brief	◯	◯	◯	◯
Internetseite	◯	◯	◯	◯
Blog	◯	◯	◯	◯

Das lernen Sie:

- nachfragen, wenn man jemanden nicht versteht
- jemanden am Telefon verbinden
- schriftlich auf eine Reservierungsanfrage antworten
- Zeitangaben machen: das Datum
- sich auf einer Hotel-Webseite orientieren
- am Telefon Auskunft geben (Zimmer, Zimmerpreise)
- einen Reiseblog verstehen
- erzählen, was man gemacht hat

Entschuldigung, können Sie bitte langsam sprechen?

A1 Wie bitte?

▶ 52 a **Hören Sie die zwei Gespräche. Was ist das Problem? Kreuzen Sie an.**

Die Verbindung ist schlecht.
Gespräch ◯ 1 ◯ 2

Die Rezeptionistin spricht nur ein bisschen Deutsch.
Gespräch ◯ 1 ◯ 2

▶ 52 b **Hören Sie die Gespräche noch einmal.**
Was sagen die Personen in Gespräch 1, was in Gespräch 2? Notieren Sie.

1 ① Tut mir leid. Ich verstehe Sie nicht.
2 ◯ Die Verbindung ist schlecht.
3 ◯ Entschuldigung, können Sie bitte langsam sprechen?
4 ◯ Bitte rufen Sie noch einmal an.
5 ◯ Entschuldigung, können Sie das bitte wiederholen?

Ü2,3 A2 Magnus Henrik vom Hotel „Bellevue" spricht nur ein bisschen Deutsch.

▶ 53 a **Lesen Sie das Gespräch. Welche Sätze passen?**
Kreuzen Sie an. Hören Sie dann und vergleichen Sie.

◆ Hotel „Bellevue", Magnus Henrik, guten Tag.
▲ Guten Tag, hier ist Klaus Hartwig. Kann ich bitte mit Herrn Gustaffson sprechen?

1 ◯ ◆ Entschuldigung, die Verbindung ist schlecht.

2 ◯ ◆ Entschuldigung, können Sie bitte langsam sprechen?

▲ Kann ich bitte mit Herrn Gustaffson sprechen?

3 ◯ ◆ Entschuldigung, können Sie das bitte wiederholen?

4 ◯ ◆ Bitte rufen Sie noch einmal an.

▲ Mit Herrn Gustaffson!
◆ Ah. Herr Gustaffson. Einen Moment, bitte.

b **Spielen Sie das Gespräch in a.**

Ü4 A3 Können Sie mich bitte verbinden?

a **Was passt?**
Ordnen Sie zu.

A
9602-**012**

B

C
tut-tut-tut-tut-tut

◯ verbinden | ◯ besetzt sein | ◯ die Durchwahl

▶ 54 b **Was ist richtig? Hören Sie das Gespräch und kreuzen Sie an.**

1 ◯ Jo Steiger ruft den Zimmerservice an.
2 ◯ Jo Steiger möchte mit Katja Langer sprechen.
3 ◯ Die Rezeptionistin verbindet ihn mit Katja Langer.
4 ◯ Katja Langer spricht mit Jo Steiger.
5 ◯ Jo Steiger bekommt die Durchwahl von Katja Langer.

▶ 54 c **Die Rezeptionistin und Jo Steiger sind sehr höflich.**
Was sagen sie (A oder B)? Kreuzen Sie an. Hören Sie dann noch einmal und vergleichen Sie.

		A	B
1	◆	⊗ Rezeption. Wie kann ich Ihnen helfen?	◯ Hotel „Intercom", Rezeption. Ja?
2	▲	◯ Johannes Steiger, guten Tag. Kann ich bitte mit Frau Katja Langer sprechen?	◯ Johannes Steiger, guten Tag. Ist Katja Langer da?
3	◆	◯ Moment!	◯ Einen Moment, bitte. Ich verbinde.
4	▲	◯ Ich danke Ihnen.	◯ Okay.
5	◆	◯ Tut mir leid. Es ist besetzt.	◯ Besetzt!
6	▲	◯ Dann vielleicht später. Und die Durchwahl?	◯ Dann rufe ich später noch einmal an. Wie bitte ist die Durchwahl von Frau Langer?
7	◆	◯ 012.	◯ Das ist die 012.
8	▲	◯ Ich danke Ihnen. Auf Wiederhören.	◯ Danke und tschüs.
9	◆	◯ Tschüs.	◯ Auf Wiederhören.

d **Spielen Sie das Gespräch mit den höflichen Sätzen.**

Ü5 A4 Jo Steiger ruft Katja Langer an.

▶ 55 a **Hören Sie das Gespräch. Welche Wörter hören Sie? Kreuzen Sie an.**

1 ◯ • Schule
2 ◯ • Hotel
3 ◯ • Urlaub machen
4 ◯ arbeiten
5 ◯ • Kongress
6 ◯ trinken
7 ◯ • Bar

▶ 55 b **Richtig oder falsch? Hören Sie das Gespräch noch einmal und kreuzen Sie an.**

	richtig	falsch
1 Jo kennt Katja aus der Schule.	◯	◯
2 Jo arbeitet im Hotel.	◯	◯
3 Katja macht Urlaub im Hotel.	◯	◯
4 Katja und Jo möchten etwas essen gehen.	◯	◯

Gern reservieren wir für Sie ein Einzelzimmer.

Ü6 B1 Reservierungsanfrage per E-Mail

Lesen Sie die E-Mail. Was ist richtig? Kreuzen Sie an.

E-Mail

Betreff: **Anfrage Reservierung**
Gesendet: Dienstag, 03.04.20.. 17:23
Von: m.fritschek@grabauer.de
An: info@hotelintercom.de

Sehr geehrte Damen und Herren,

hiermit möchte ich vom 19.05. bis 23.05.20.. ein Einzelzimmer mit Frühstück für Herrn Matthias Grabauer reservieren. Haben Sie noch etwas frei?

Können Sie die Reservierung bitte per E-Mail bestätigen?

Vielen Dank.

Mit freundlichen Grüßen

Martina Fritschek

1 Die E-Mail ist a ◯ von Frau Fritschek. b ◯ vom Hotel „Intercom".
2 Die E-Mail ist a ◯ für Frau Fritschek. b ◯ für das Hotel „Intercom".
3 Frau Fritschek möchte ein Zimmer a ◯ für Frau Grabauer. b ◯ für Herrn Grabauer reservieren.
4 Das Zimmer ist a ◯ mit Frühstück. b ◯ ohne Frühstück.

Ü7,8 B2 Reservierungsbestätigung: Antwortmail

a **Lesen Sie die E-Mails. Welche Antwort passt zu der E-Mail in B1?**

A E-Mail

Betreff: **Bestätigung Reservierung**
Gesendet: Freitag, 04.04.20.. 08:45
Von: korngruber@hotelintercom.de
An: m.fritschek@grabauer.de

Sehr geehrte Frau Fritschek,

vielen Dank für Ihre Anfrage. Leider haben wir kein Doppelzimmer mehr frei. Möchten Sie vielleicht zwei Einzelzimmer reservieren?

Mit freundlichen Grüßen

Annegret Korngruber, Hotel „Intercom"

B E-Mail

Betreff: **Bestätigung Reservierung**
Gesendet: Freitag, 04.04.20.. 08:45
Von: korngruber@hotelintercom.de
An: m.fritschek@grabauer.de

Sehr geehrte Frau Fritschek,

vielen Dank für Ihre Anfrage. Gern reservieren wir ein Einzelzimmer vom 19.05. bis 23.05.20.. Es kostet 78 Euro pro Nacht mit Frühstück.

Mit freundlichen Grüßen

Annegret Korngruber, Hotel „Intercom"

b **Lesen Sie die E-Mail und schreiben Sie eine positive Antwort wie in a.**

Sehr geehrte Damen und Herren,

hiermit möchte ich vom 08.06. bis 11.06.20.. ein Einzelzimmer mit Frühstück für Frau Konstanze Maier reservieren. Haben Sie noch etwas frei? Können Sie die Reservierung bitte per E-Mail bestätigen?

Vielen Dank.

Mit freundlichen Grüßen

Margarete Bär

▶ 56 **B3 Das Jahr**

Ü9 **Ergänzen Sie die Monate. Hören Sie dann und sprechen Sie nach.**

Januar | Februar | ~~März~~ | April |
Mai | Juni | Juli | August | September |
Oktober | ~~November~~ | Dezember

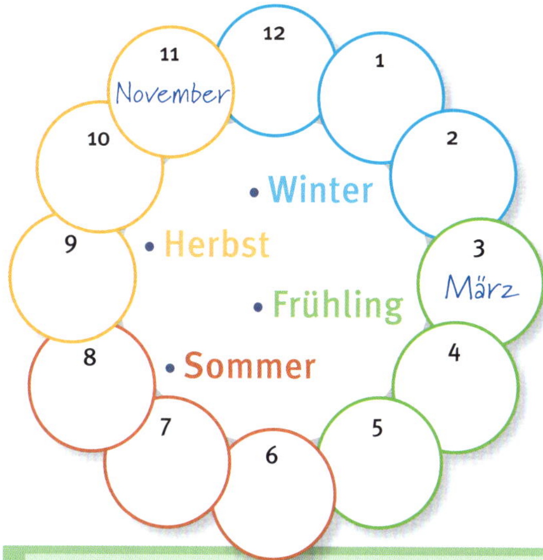

1.–19.: -te
der erste / zweite / dritte / vierte / fünfte / sechste / siebte / achte / dreizehnte ... April
ab 20.: -ste
der zwanzigste / der einundzwanzigste ... Mai

am zweiten März
vom neunzehnten bis zwanzigsten Mai

Ü10, 11 **B4 Termine, Termine**

a **Sehen Sie den Kalender von Frau Fritz an. Ergänzen Sie die Zahlen in der richtigen Form.**

Kalender

```
02  März  20..

10:30 Zimmer reservieren,
      Hotel „Botterblom“: 17.04.-20.04.
```

1 Heute ist der zweite März.

2 Frau Fritz schreibt am ________ März an das Hotel „Botterblom“.

3 Sie reserviert ein Zimmer vom ________ bis ________ April.

b **Sprechen Sie über den Kalender. Fragen und antworten Sie.**

1 ◆ Welches Datum ist heute? ▲ Der ...

2 ◆ Wann schreibt Frau Fritz an das Hotel? ▲ Am ...

3 ◆ Für wann reserviert sie ein Zimmer? ▲ Vom ... bis ...

c **Ergänzen Sie die Antworten. Fragen und antworten Sie dann zu zweit.**

1 ◆ Welches Datum ist heute? ▲ Heute ist der ________.

2 ◆ Welches Datum ist morgen? ▲ Morgen ist der ________.

3 ◆ Wann haben Sie Geburtstag? ▲ Am ________.

4 ◆ Wann machen Sie Urlaub? ▲ Vom ________ bis ________.

B5 Geburtstagsschlange

a **Fragen und antworten Sie im Kurs. Bilden Sie eine Reihe.**

◆ Wann hast du Geburtstag?
▲ Am 24. Mai.
◆ Dann bist du hier. Ich habe am 30. Juni Geburtstag. Und du/Sie? ...
▲ Am ...

b **Wer hat im Frühling, Sommer, Herbst und Winter Geburtstag? Wann haben die meisten Personen Geburtstag?**

Kommen Sie ins Hotel „Relax"!

Ü12, Ü13 **C1 Die Internetseite vom Hotel „Relax"**

a **Sehen Sie die Internetseite an. Unterstreichen Sie alle Wörter, die Sie verstehen. Vergleichen Sie im Kurs.**

www.hotelrelax.de

HOTEL RELAX

______	______	Gastronomie	______	______	______
Foto-Galerie Lage Anfahrt	45 Zimmer 4 Suiten mit Internet	Gourmet-Restaurant mit Sonnenterrasse Lounge Bistro-Bar	1000 m² Spa Fitnessraum Massage Kosmetik Schwimmbad	Wandern Power-Yoga Nordic Walking	Parkplätze Garage

Herzlich willkommen im Hotel „Relax"! ****

Lieben Sie Wellness, Luxus, Natur und gutes Essen?
Suchen Sie Entspannung für ein Wochenende oder planen Sie einen Aktiv-Urlaub? Kommen Sie ins Hotel „Relax" und vergessen Sie den Alltag!
Hier finden Sie das alles in einem luxuriösen Ambiente.

ONLINE RESERVIEREN:

Anreise: 7 Aug
Abreise: 8 Aug
Zimmer: 1
Erw.: 1 Kinder:

RESERVIEREN

b **Was passt? Ergänzen Sie die Begriffe in a.**

Hotel | Wellness | Zimmer | Parken | ~~Gastronomie~~ | Sport

c **Was bedeuten diese Wörter? Sprechen Sie im Kurs.**

• Luxus | • Entspannung | • Wochenende | • Alltag | • Natur

Ü14 **C2 „Werbe-Slogan" für das Hotel „Relax"**

Lesen Sie den Werbe-Slogan und schreiben Sie ähnliche Slogans für „Ihr" Hotel.

Kommen Sie ins Hotel „Relax" und vergessen Sie den Alltag!

im Gourmet-Restaurant essen | Entspannung finden | die Arbeit vergessen | Ruhe und Natur finden | ...

Kommen Sie ins Hotel ______________________ und ______________________!

...

Ü15,16 **C3 Informationen am Telefon**

▶57 a **Hören Sie den Anfang des Gesprächs. Was möchte der Gast reservieren? Kreuzen Sie an.**

◯ einen Tisch ◯ ein Zimmer

▶57 b **Ordnen Sie das Telefongespräch. Hören Sie dann und vergleichen Sie.**

◆ ◯ Einen Moment, bitte. ... Ja, das geht.
Da haben wir noch ein Doppelzimmer mit Dusche.
◆ ① Hotel „Relax", Sabine Hauser, guten Tag!
◆ ◯ Sehr gern.
▲ ◯ Schön. Ähm, und was kostet das?
▲ ◯ Guten Tag, hier ist Martin Schneider. Meine Frau und ich wollen im Sommer kommen.
Haben Sie vom 16. bis 22. 7. noch was frei?
◆ ◯ Auf Wiederhören.
▲ ◯ Ah ja. Vielen Dank. Ich spreche mit meiner Frau und rufe Sie später an.
◆ ◯ Das Doppelzimmer kostet 65 Euro pro Person und Nacht
mit Frühstück. Mit Halbpension sind es 82 Euro.
▲ ◯ Auf Wiederhören.

Halbpension (HP) =
Zimmer mit Frühstück
und Abendessen

▶57 c **Hören und lesen Sie das Gespräch in b noch einmal. Finden Sie die Informationen und ergänzen Sie.**

1 Name (Gast): ______________
2 Anzahl Personen: ______________
3 Zimmer: ______________
4 Preis: ______________
5 Ankunft: ______________
6 Abreise: ______________

d **Lesen Sie die Notizen und spielen Sie einen ähnlichen Dialog wie in b.**

Person A: Sie sind Rezeptionist/in.
Person B: Sie sind der Gast und wollen mit Ihrem Sohn kommen.

Name: Bernd Rieger
Personen: 2
Zimmer: Doppelzimmer mit Dusche
Anreise: 12.3.
Abreise: 16.3.
Preis: 49,– Euro p.P., mit HP 69,– Euro

Rezeptionist/in	Gast
◆ Hotel ..., guten ...!	▲ Guten ..., hier ist ... Mein Sohn und ich ... im Frühling ... Haben Sie vom ... bis ... noch ...?
◆ Einen ..., bitte. Ja, ... Da haben ...	▲ Schön, und was ...?
◆ Das ... kostet ... Mit Halbpension sind ...	▲ Ah ja. Vielen ... Ich rufe Sie ...
◆ Sehr ... Auf Wiederhören.	▲ Auf Wiederhören.

Ein Wochenende am Meer

Ü17, Ü18

D1 Hotel-Blog

a **Was passt? Ordnen Sie zu.**

• Himmel | • Wind | • Meer | • Meeresblick

b **Lesen Sie den Blog. Was meinen Sie? Welche Hotelkategorie passt zum Hotel „Sanddüne"? Kreuzen Sie an.**

www.hotelblogger.de

Hotelkatgorien

- ◯ Aktiv (25)
- ◯ Bio (12)
- ◯ Budget (46)
- ◯ Business (34)
- ◯ Design (13)
- ◯ Familie (137)
- ◯ Luxus (11)
- ◯ Romantik (5)
- ◯ Sport (58)
- ◯ Stadt (124)
- ◯ Wellness (218)

Startseite Impressum Kommentare Links Feedback Kalender Suche

HOTELBLOGGER.de

Hotel „Sanddüne", Oversum

von Oliver Tanner aus Baatenburg vom 14.02.

Ein Wochenende am Meer: Christine und ich haben im Januar Urlaub im Hotel „Sanddüne" gemacht! Das Zimmer haben wir online reserviert – kein Problem!

Am Freitagabend sind wir nach Oversum gefahren und haben lange das Hotel „Sanddüne" gesucht (ohne Navi!). Leider sind wir erst spät im Hotel angekommen und haben auch spät eingecheckt. Das Personal ist sehr freundlich. Die Zimmer sind modern und haben Meeresblick. Toll!

Am Samstag haben wir lange geschlafen und gut gefrühstückt. Dann sind wir spazieren gegangen. Das Meer, der Himmel, der Wind sind auch im Winter echt super! Und dann: Schwimmbad, Sauna und Massage – so richtig Wellness! Abends haben wir in der Hotelbar einen Cocktail getrunken.

Das Hotel ist perfekt für Wellness, Natur und Entspannung!
Das machen wir sicher noch einmal!

c **Was haben Oliver und Christine gemacht *(zuerst – dann)*? Lesen Sie den Blog noch einmal und ordnen Sie die Aktivitäten.**

- ◯ gut frühstücken
- ① das Zimmer online reservieren
- ◯ einen Cocktail trinken
- ◯ lange schlafen
- ◯ nach Oversum fahren
- ◯ das Hotel suchen
- ◯ spazieren gehen
- ◯ einchecken
- ◯ im Hotel ankommen

d **Erzählen Sie: Was haben die beiden gemacht? Jede/r sagt einen Satz.**

Sie haben zuerst das Zimmer online reserviert.

Dann sind sie …

Perfekt

Sie	haben	Urlaub	gemacht.
Sie	haben	das Hotel	gesucht.
Sie	haben		eingecheckt.
Sie	haben	das Zimmer	reserviert.
Sie	haben	lange	geschlafen.
Sie	haben	einen Cocktail	getrunken.
Sie	sind	spazieren	gegangen.
Sie	sind	nach Oversum	gefahren.
Sie	sind	im Hotel	angekommen.

D2 Was haben Sie am Wochenende gemacht?

a **Schreiben Sie vier Sätze wie im Beispiel. Zwei Aussagen sind richtig, zwei sind falsch.**

- (lange, von … bis …) schlafen
- (einen Cocktail, Cola, Tee …) trinken
- (ein Hotelzimmer …) reservieren
- (nach München, Hamburg …) fahren
- (Wellness, Urlaub, einen Ausflug …) machen
- (ins Restaurant, spazieren …) gehen

Ich bin spazieren gegangen.
Ich habe von zwei bis sechs Uhr geschlafen.
Ich bin nach Berlin gefahren.
Ich habe Champagner getrunken.

b **Lesen Sie die Sätze Ihrer Partnerin / Ihres Partners. Was glauben Sie? Welche Aussagen sind falsch? Sprechen Sie.**

Ich glaube, du hast von zwei bis sechs Uhr geschlafen.

Nein, das ist leider falsch. ☹

Ja, das ist richtig. ☺

Ihre Wörter

Einstiegsseite

- Telefongespräch, -e
- Brief, -e
- Gespräch, -e
- Kalender, -
- Internetseite, -n
- Blog, -s

Abschnitt A

langsam
- Verbindung, -en

verstehen
noch einmal
wiederholen
sprechen mit
verbinden
besetzt
- Durchwahl, -en

bekommen
höflich
helfen
da sein
okay
dann
vielleicht
später
kennen
- Schule, -n
- Urlaub (Sg.)

Urlaub machen
essen gehen

Abschnitt B

- Anfrage, -n

per
gesendet
hiermit
von ... bis
bestätigen
- Bestätigung, -en

kein ... mehr
kosten
pro
- Jahr, -e
- Monat, -e
- Januar (Sg.)
- Februar (Sg.)
- März (Sg.)
- April (Sg.)
- Mai (Sg.)
- Juni (Sg.)
- Juli (Sg.)
- August (Sg.)
- September (Sg.)
- Oktober (Sg.)
- November(Sg.)
- Dezember (Sg.)
- Winter (Sg.)
- Herbst (Sg.)
- Frühling (Sg.)
- Sommer (Sg.)
- Termin, -e

welcher/welches/welche
für wann

Abschnitt C

- Lage, -n
- Anfahrt, -en
- Suite, -n
- Gourmet-Restaurant, -s
- Sonnenterrasse, -n
- Lounge, -s
- Bistro-Bar, -s
- Spa, -s
- Fitnessraum, ¨-e
- Massage, -n
- Kosmetik (Sg.)
- Schwimmbad, ¨-er

wandern
- Nordic Walking (Sg.)

lieben
- Wellness (Sg.)
- Luxus (Sg.)
- Natur (Sg.)
- Essen (Sg.)
- Entspannung (Sg.)
- Wochenende, -n

planen
- Aktiv-Urlaub (Sg.)

vergessen
- Alltag (Sg.)

alles
luxuriös
- Ambiente (Sg.)

online
Erw. = Erwachsener, Erwachsene
- Kind, -er

parken
- Gastronomie (Sg.)
- Arbeit (Sg.)
- Ruhe (Sg.)

wollen
schön
- Person, -en
- Halbpension (Sg.)
- Ankunft (Sg.)
- Sohn, ¨-e

Abschnitt D

- Meer, -e
- Himmel (Sg.)
- Wind, -e
- Meeresblick, -e
- Hotelkategorie, -n
- Link, -s
- Feedback, -s
- Suche, -n

aktiv
bio
- Freitagabend, -e

ohne
- Navi, -s

erst
einchecken
toll
spazieren gehen
so
so richtig
abends
perfekt
sicher
zuerst

nachfragen, wenn man jemanden nicht versteht

Tut mir leid, ich verstehe Sie nicht.
Entschuldigung, können Sie das bitte wiederholen?
Entschuldigung, können Sie bitte langsamer sprechen?
Die Verbindung ist schlecht.
Bitte rufen Sie noch einmal an.

jemanden am Telefon verbinden

Wie kann ich Ihnen helfen?
Kann ich bitte mit Frau / Herrn ... sprechen?
Einen Moment, bitte. Ich verbinde.
Tut mir leid. Es ist besetzt.
Die Durchwahl von ... / Das ist die 212.
Auf Wiederhören.

schriftlich auf eine Reservierungsanfrage antworten

Vielen Dank für Ihre Anfrage.
Leider haben wir kein ... mehr frei.
Möchten Sie vielleicht ... reservieren?
Es kostet ... Euro pro Nacht mit / ohne Frühstück.

Zeitangaben machen: das Datum

Heute ist der zweite März.
Am zweiten März habe ich Geburtstag.
Vom zweiten bis dritten März mache ich Urlaub.

am Telefon Auskunft geben (Zimmer, Zimmerpreise)

Da haben wir noch ein ... mit Dusche.
Das ... kostet ... Euro pro Person und Nacht mit Frühstück.
Mit Halbpension sind es ... Euro.

erzählen, was man gemacht hat

Wir haben in ... Urlaub gemacht.
Wir haben online reserviert.
Wir haben spät eingecheckt.
Am ... sind wir nach ... gefahren.
Wir haben lange geschlafen.
Wir haben Cocktails getrunken.

Übungsteil

ES/1 **1 Machen Sie das Rätsel. Finden Sie die Lösung.**

a 

h 

b 

c 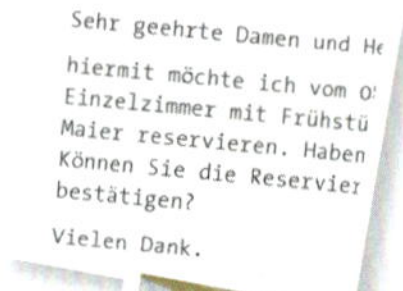

d 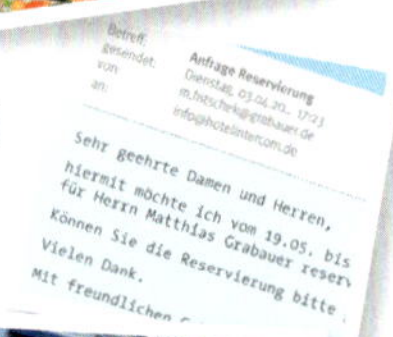

e 

f 

g 

Lösung: ______________________

3

A2 **2 Was passt zusammen?**

a Tut mir leid, ich verstehe
b Entschuldigung, die Verbindung
c Können Sie das
d Rufen Sie bitte
e Können Sie

1 bitte wiederholen?
2 Sie nicht.
3 ist schlecht.
4 bitte langsam sprechen?
5 noch einmal an.

▶ 58 **3 Was sagen Sie? Ordnen Sie die Sätze. Hören Sie dann und vergleichen Sie.**

a guten Tag – Hotel „Zur Sonne", – Tobias Klaas,
▲ *Hotel* ______________________.
◆ Guten Tag, hier ist Birgit Domprobski. Kann ich bitte mit Frau Annegret Krampitz-Schmalzbauer sprechen?

b können Sie – Entschuldigung, – sprechen – langsam – bitte
▲ ______________________?
◆ Kann ich bitte mit Frau Annegret Krampitz-Schmalzbauer sprechen?

c Können Sie – wiederholen – bitte – das
▲ ______________________?
◆ Mit Frau Krampitz-Schmalzbauer.

d bitte – Moment – Einen
▲ ______________________.

e es – besetzt – ist – leid, – mir – Tut
tut-tut-tut-tut-tut-tut
▲ ______________________.

A3 **4 Ergänzen Sie höfliche Sätze.**

a Buchstabieren Sie Ihren Namen. *Können Sie bitte Ihren Namen buchstabieren?*
b Sprechen Sie langsam. ______________________
c Rufen Sie noch einmal an. ______________________
d Wiederholen Sie das. ______________________
e Fragen Sie den Hotelmanager. ______________________

▶ 59 **5 Ordnen Sie den Dialog. Hören Sie dann und vergleichen Sie.**

A4

Äh … Jo? | Ich arbeite. Ich bin auf einem Kongress. | Super. Ich freu mich. Bis nachher. Tschüs. | Ja, gern. Wo und wann? | ~~Katja Langer, hallo?~~ | Jo? … Was machst du denn hier?

Ja, Jo. Johannes Steiger. Wir kennen uns – aus der Schule. | Urlaub. Ich mache Urlaub. Und du? | Hast du heute Abend Zeit? Wollen wir vielleicht zusammen essen? | ~~Hallo Katja. Hier ist Jo.~~ | Um sieben hier in der Bar? | Tschüs.

◆ Katja Langer, hallo?
▲ Hallo Katja, hier ist Jo.
◆ ___
▲ ___
◆ ___
▲ ___
◆ ___
▲ ___
◆ ___
▲ ___
◆ ___
▲ ___

B1 **6 Bringen Sie die E-Mail in die richtige Reihenfolge.**

E-Mail

Betreff: **Reservierung**
Gesendet: Dienstag, 20.05.20..
Von: Berger, Marion (m.berger@gmx.com)
An: info@hotel.oberndorf.at

○ Mit freundlichen Grüßen
○ Ich möchte ein Einzelzimmer mit Frühstück. Können Sie die Reservierung bitte bestätigen?
○ Sehr geehrte Damen und Herren,
○ Marion Berger
○ ich möchte ein Hotelzimmer reservieren. Ich komme am Freitag, 25.05. an und reise am Sonntag, 27.05. wieder ab.

B2 **7 Antworten Sie auf die E-Mail in 6.**

Mit freundlichen Grüßen | vom 25.05. bis 27.05. | ein Einzelzimmer | Es kostet | Gern reservieren wir | ~~vielen Dank~~ | Sehr geehrte Frau Berger, | 80 Euro pro Nacht mit Frühstück. | für Ihre Reservierung. | Anni Bauer, Hotel „Oberndorf“

E-Mail

Betreff: **AW: Reservierung**
Gesendet: Dienstag, 20.05.20..
Von: info@hotel.oberndorf.at
An: Berger, Marion (m.berger@gmx.com)

___,
vielen Dank ___
___
___
___
___

3

ÜBUNGSTEIL

8 Lesen Sie die E-Mail und schreiben Sie eine negative Antwort.

E-Mail

An Hotel „Nuovasol“,

wir möchten ein Doppelzimmer und ein Einzelzimmer mit Frühstück reservieren.

Drei Personen, zwei Nächte: 03.12. bis 05.12.20..

Antwort bitte per E-Mail.

MfG, Juliane Müller

keine Zimmer | vielen Dank | Sehr geehrte Frau ... | Mit freundlichen Grüßen | vom .... bis .... | mehr frei | für Ihre Anfrage. | Leider haben wir |

3

B3 ## 9 Ergänzen Sie die Jahreszeit und die Monate.

Frühling	*Sommer*	______	*Winter*
März			
		Oktober	

▶60 ## 10 Hören Sie und machen Sie Notizen.

B4
a Frau Bley: Anreise 22. Januar Abreise ______
b Herr Sandhorst: Anreise ______ Abreise ______
c Herr Pieper: Anreise ______ Abreise ______
d Frau Beireiss: Anreise ______ Abreise ______

11 Wann macht Frau Zirner das? Ergänzen Sie.

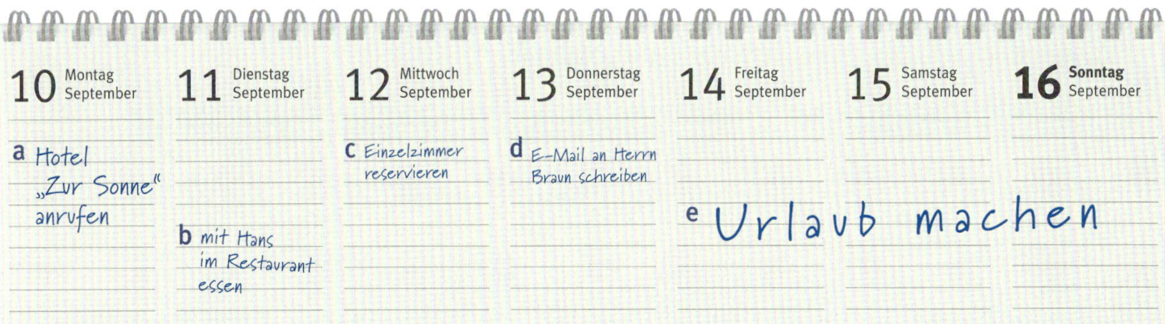

a Am zehnten September ruft sie das Hotel „Zur Sonne“ an.
b ______
c ______
d ______
e ______

C1 **12 Ergänzen Sie.**

Essen | Entspannung | Massagen | Schwimmbad | Alltag | Cocktail | Wochenende | Nordic-Walking | ~~Natur~~

Möchten Sie ein ______ (a) lang Ihren ______ (b) vergessen? Kommen Sie in unser Sport- und Wellnesshotel RELAX. Sie finden im Hotel einen Fitnessraum, ein ______ (c) und eine Sonnenterrasse. Yoga und ______ (d) ergänzen Ihr Wellnessgefühl. Sie suchen Ruhe und Natur (e)? Dann können Sie in der Umgebung wandern oder ______ (f) machen. Abends finden Sie dann die richtige ______ (g) in der Bistro-Bar bei einem ______ (h) oder im Gourmet-Restaurant bei einem guten ______ (i).

13 Finden Sie die Wörter und den passenden Artikel.

a ____ Wochen- -raum
b ____ Park- -Restaurant
c ____ Fitness- -platz
d ____ Sonnen- -ende
e ____ Gourmet- -terrasse

C2 **14 Ergänzen Sie.**

finden | ~~kommen~~ | machen | vergessen | schwimmen | wandern | essen

Wellness-Hotel „Am Park“

a Kommen Sie ins Wellness-Hotel!
b ______ Sie die Arbeit!
c ______ Sie Sport in einem luxuriösen Ambiente!
d ______ Sie in der Natur!
e ______ Sie im Meer!
f ______ Sie im Gourmet-Restaurant!
g ______ Sie Entspannung und Ruhe im Wellness-Hotel „Am Park“!

▶ 61 **15 Hören Sie und kreuzen Sie an.**

		richtig	falsch
C3 a	Herr und Frau Lenz wollen im Hotel Urlaub machen.	☒	○
b	Sie wollen im Juli ins Hotel „Majestic“ kommen.	○	○
c	Frau Lenz möchte ein Doppelzimmer reservieren.	○	○
d	Das Doppelzimmer hat einen Balkon und eine Badewanne.	○	○
e	Herr und Frau Lenz möchten im Hotel frühstücken.	○	○
f	Herr und Frau Lenz kommen am Morgen an.	○	○
g	Frau Lenz reserviert das Zimmer von Freitag bis Dienstag.	○	○

16 Antworten Sie auf die Anfragen.

a Haben Sie im Sommer noch Zimmer frei? Wir möchten ein Doppelzimmer vom 10.06 bis 16.06. reservieren.
______ *(☺ DZ mit Dusche)*

b Was kostet das Zimmer pro Nacht?
______ *(65 €)*

c Ist der Preis mit Frühstück?
______ *(☺)*

d Was kostet das Zimmer mit Halbpension?
______ *(85 €)*

D1 **17 Mein Wochenend-Blog. Ergänzen Sie.**

angekommen | gegessen | ~~gegangen~~ | gefahren | gekostet | abgefahren | gemacht | getrunken | gegangen | gefrühstückt | reserviert | geschlafen

www.hotelblogger.de

Am Wochenende bin ich mit Michael an die Ostsee ______ (a). Wir haben im Internet ein Zimmer ______ (b). Das geht sehr gut. Wir sind am Samstagnachmittag in Bansin ______ (c). Das Hotel „Flora" ist klein, aber die Zimmer sind schön. Das Doppelzimmer mit Frühstück hat pro Person nur 35 Euro ______ (d). Wir sind zuerst am Meer spazieren *gegangen* (e). Die Ostsee ist wirklich super, ganz toll! In einem kleinen Restaurant haben wir Champagner ______ (f) und sehr gut ______ (g). Am Sonntag haben wir bis neun Uhr ______ (h) und dann haben wir sehr gut ______ (i). Dann sind wir ins Schwimmbad ______ (j) und haben noch einen Ausflug ______ (k). Am Abend sind wir ______ (l).
Ein perfektes Wochenende!

18 Was fragt der Hotelmanager? Ergänzen Sie im Perfekt.

a *Haben Sie gut geschlafen?* *(gut schlafen)*
b ______ *(schon frühstücken)*
c ______ *(Ausflug machen)*
d ______ *(spazieren gehen)*
e ______ *(Tee trinken)*
f ______ *(nach München fahren)*
g ______ *(Yoga machen)*

▶ 62 **19 Aussprachetraining: *ei* und *ie***

a **Hören Sie und sprechen Sie nach.**

ei → heißen – sein – drei – Schweiz – Reise – leider – Rührei – mein
ie → Spiegel – wie – Viertel – hier – viel – telefonieren – Brief

▶ 63 b **Ergänzen Sie: *ei* oder *ie*? Hören Sie und vergleichen Sie. Sprechen Sie dann nach.**

▲ L__gt W__n in der Schw__z?
◆ N__n, in Österr__ch.
▲ H__rmit reserv__re ich v__r __nzelzimmer.
◆ W__ lange bl__ben S__?
▲ H__ko telefon__rt v__l mit Mar__.
◆ L__bt er s__?

Kein Problem!

Ü 1,2 **1 Probleme und Wünsche**

a Sehen Sie die Fotos A–F an und lesen Sie.

A Der Fernseher ist kaputt.
C Sie haben keinen Föhn im Zimmer.
E Die Dusche ist kaputt.

B Sie brauchen einen Stadtplan.
D Sie brauchen einen Transfer zum Flughafen.
F Das Internet funktioniert nicht.

b Wer sagt das? Lesen Sie und kreuzen Sie an.

◯ Gast ◯ Rezeptionist/in
- ▲ Entschuldigung, können Sie mir bitte helfen?
- ▲ Kann ich bitte ... bekommen?
- ▲ Entschuldigung, haben Sie vielleicht ...?
- ▲ Entschuldigung, ich brauche ...
- ▲ Entschuldigung, ich habe ein Problem.

◯ Gast ◯ Rezeptionist/in
- ◆ Einen Moment, bitte.
- ◆ Natürlich.
- ◆ Gern.
- ◆ Oh, das tut mir leid.
- ◆ Ich schicke sofort jemanden.

c Was sagen Sie in den Situationen A–F?

Spielen Sie Rezeptionist/in und Gast wie in den Beispielen. Es gibt mehrere Möglichkeiten.

Entschuldigung, haben Sie vielleicht einen Föhn?

Kann ich bitte einen Föhn bekommen?

Natürlich. Einen Moment, bitte.

Gern.

Das lernen Sie:
- etwas empfehlen
- einen Vorschlag machen
- einen Tisch reservieren
- auf Beschwerden und Wünsche reagieren
- Informationen zum Service im Hotel geben
- auf Regeln hinweisen
- mit Gästen ins Gespräch kommen
- über Vergangenes sprechen

A

Ein Tisch für zwei Personen

Ü3 A1 Ein Restaurant empfehlen

▶ 64 a **Hören Sie Teil 1 des Gesprächs zwischen Jo Steiger und der Rezeptionistin. Welche Situation passt? Kreuzen Sie an.**

◯ privat essen gehen

◯ geschäftlich essen gehen

▶ 64 b **Hören Sie Teil 2 des Gesprächs. Welche drei Restaurants empfiehlt die Rezeptionistin? Kreuzen Sie an.**

4

◯ international

◯ griechisch

◯ französisch

◯ italienisch

◯ japanisch

▶ 64 c **Hören Sie das ganze Gespräch noch einmal. Was ist richtig? Kreuzen Sie an. Korrigieren Sie die falschen Aussagen neben den Sätzen.**

1 ◯ Jo Steiger braucht eine Empfehlung für ein Restaurant.
2 ◯ Er möchte mit zwei Freunden essen gehen. *Er möchte mit ...*
3 ◯ Er findet das internationale Restaurant gut.
4 ◯ Das internationale Restaurant ist sehr teuer.
5 ◯ Jo Steiger telefoniert und reserviert einen Tisch für zwei Personen.

d **Welches Restaurant empfehlen Sie Ihren Gästen? Spielen Sie Gespräche wie im Beispiel.**

Ich möchte heute Abend essen gehen. Können Sie uns ein Restaurant empfehlen?

Ja, ich empfehle Ihnen das Restaurant ... / die Pizzeria ...

A2 Was kann ich für Sie tun?

▶ 65 a **Hören Sie und sprechen Sie nach.**

▲ Entschuldigung.
◆ Ja, bitte? Was kann ich für Sie tun?
▲ Wir möchten heute Abend ins Kino gehen.
◆ Soll ich zwei Karten reservieren?
▲ Ja, gern. Das ist nett.

A

b Spielen Sie zu zweit ähnliche Gespräche an der Rezeption.

Gast — möchten auf dem Zimmer frühstücken – möchten in die Oper gehen – viel Gepäck haben

Rezeptionist/in — (ich) den Zimmerservice anrufen? – (wir) das Gepäck aufs Zimmer bringen? – (ich) zwei Karten reservieren?

Ü4,5 **A3 Einen Tisch reservieren**

▶ 66 a **Hören Sie und ergänzen Sie die Reservierung.**

Restaurant Cox

RESERVIERUNGEN

Name: *Steiger*, ______ Personen, ______ Uhr

▶ 66 b **Was fragt der Kellner? Ergänzen Sie die Fragen. Hören Sie dann das Gespräch noch einmal und vergleichen Sie.**

Und für wie viel Uhr? | Auf welchen Namen, bitte? | Für wie viele Personen, bitte?

▲ Restaurant Cox, guten Tag.
◆ Mistel, Hotel „Intercom“, guten Tag. Ich möchte für heute Abend einen Tisch reservieren.
▲ ______?
◆ Für zwei Personen.
▲ ______?
◆ Für 20 Uhr.
▲ Einen Moment, bitte. ... Ja, das geht.
______?
◆ Steiger.
▲ Vielen Dank!

c **Schreiben Sie Kärtchen für eine Reservierung und spielen Sie ähnliche Gespräche. Ihre Partnerin / Ihr Partner macht Notizen. Vergleichen Sie.**

- für Freitagabend
- für 5 Personen
- Name: Bandoni
- 21 Uhr

Ü6 **A4 Sich verabreden**

a **Lesen Sie die SMS, finden Sie die richtige Reihenfolge und ergänzen Sie die Namen *Jo* oder *Katja*.**

○ ______
Gute Idee! Und nach dem Essen gehen wir noch spazieren. Was meinst du?

○ ______
Ja, klar, spazieren gehen ist super.

○ ______
Toll! Wir sehen uns in einer Stunde in der Bar. Ich freu mich! ☺

① *Jo*
Habe für 20 Uhr einen Tisch reserviert. Wollen wir vor dem Essen in der Hotelbar etwas trinken?

b **Was möchten Jo und Katja machen? Ordnen Sie zu.**

1 Vor dem Essen — a wollen sie in der Hotelbar etwas trinken.
2 Nach dem Essen — b treffen sie sich in der Hotelbar.
3 In einer Stunde — c wollen sie spazieren gehen.

Wann?
vor — *jetzt* — nach
jetzt — in einer Stunde (60 min.)

4

Ich schicke sofort jemanden.

B1 Beschwerden

▶ 67 a **Was ist das Problem? Ordnen Sie die Fotos den Situationen zu. Hören Sie dann die Gespräche und vergleichen Sie.**

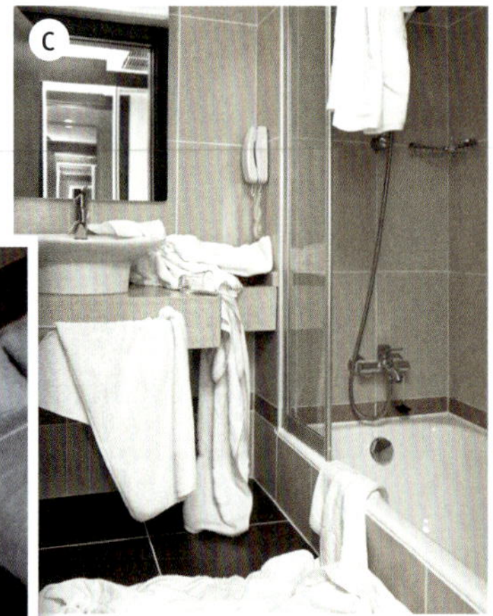

1 ◯ Das Zimmer ist kalt. 2 ◯ Die Lampe ist kaputt. 3 ◯ Das Bad ist noch nicht gemacht.

▶ 67 b **Ordnen Sie zu. Hören Sie die Gespräche dann noch einmal und vergleichen Sie.**

Gast	Rezeptionistin
1 Entschuldigung, das Bad ist noch nicht gemacht. Wann kommt denn das Zimmermädchen?	a Oh, das tut mir leid. Einen Moment, bitte. Ich schicke gleich den Techniker.
2 Die Heizung funktioniert nicht. Das Zimmer ist sehr kalt.	b Oh, das tut mir leid. Einen Moment, bitte. Ich schicke sofort jemanden.
3 Die Lampe am Bett ist kaputt.	c Kein Problem. Sie bekommen sofort eine neue.

c **Was passt? Ergänzen Sie das Gespräch. Hilfe finden Sie in b. Spielen Sie dann zu zweit.**

▲ Rezeption, guten Tag.
◆ Guten Tag. Hier ist Meier, Zimmer 34. Der Fernseher ______________________.
▲ ____.
◆ Danke. Das ist nett.

Ü7 **B2 Das sagt der Gast.**

▶ 68 a **Ordnen Sie zu. Hören Sie dann und vergleichen Sie.**

1 Die Dusche ist kaputt.
2 Der Safe funktioniert nicht.
3 Das Zimmer ist nicht gemacht.
4 Die Handtücher sind nicht sauber.

a Können Sie ihn bitte reparieren?
b Können Sie sie bitte austauschen?
c Können Sie sie bitte reparieren?
d Können Sie es bitte sauber machen?

b **Spielen Sie ähnliche Gespräche. Arbeiten Sie zu zweit und tauschen Sie die Rollen (Gast, Rezeptionist/in).**

Entschuldigung, das Telefon ist kaputt.

Das tut mir leid. Wir reparieren es gleich.

Danke, das ist nett.

• Minibar – • Schrank – • Bett – • Tisch – • Stühle (Pl.) – • Sessel – • Telefon – • Föhn – • Lampen (Pl.)

• ihn
• es
• sie
• sie

B3 „Der Gast ist König.“

Sehen Sie das Bild „Der Gast ist König“ an.
Was denken Sie? Sprechen Sie in Ihrer Sprache.

B4 Test: Wie reagieren Sie auf Beschwerden?

a Lesen Sie den Test. Was trifft auf Sie zu? Kreuzen Sie an.

Ist der Gast für Sie König? Wie reagieren Sie auf Beschwerden? Machen Sie den Test.

Ein Gast beschwert sich: Das Zimmer ist sehr laut. Der Gast ist sehr unfreundlich.

1. Wie sind Sie?
- a ☐ Ich bleibe freundlich. 1
- b ☐ Ich bin so unfreundlich wie der Gast. 5
- c ☐ Ich rufe den Hotelmanager. 3

2. Was sagen Sie?
- a ☐ Entschuldigen Sie. Das tut mir sehr leid. 1
- b ☐ Das ist nicht mein Problem. 5
- c ☐ Ja, richtig, das Zimmer ist laut. Na und? 3

3. Und was sagen Sie dann?
- a ☐ Machen Sie das Fenster zu. 3
- b ☐ Gehen Sie in ein anderes Hotel. 5
- c ☐ Möchten Sie vielleicht ein anderes Zimmer? 1

4. Was sagen Sie am nächsten Tag?
- a ☐ Ist das Zimmer in Ordnung? 1
- b ☐ Guten Tag, was kann ich für Sie tun? 3
- c ☐ Na, noch eine Beschwerde? 5

b Wie viele Punkte haben Sie? Lesen Sie. Passt die Beschreibung zu Ihnen?

4 bis 6 Punkte:
Der Gast ist für Sie König. Sie sind immer freundlich. Sie sind höflich und sagen „Entschuldigung“ oder „Das tut mir sehr leid“. Ein Gast ist gern bei Ihnen im Hotel.

7 bis 14 Punkte:
Service ist für Sie wichtig, aber Sie sind nicht immer sehr höflich zu den Gästen. Seien Sie freundlich und helfen Sie dem Gast.

15 bis 20 Punkte:
Der Gast ist für Sie unwichtig. Er hat ein Problem? Das interessiert Sie nicht. Möchten Sie wirklich in einem Hotel arbeiten? Dann verstehen Sie bitte: Der Gast ist *immer* König.

Nein, das passt nicht. Ich bin immer …

Ja, das passt zu mir.

freundlich	←→	unfreundlich
wichtig	←→	unwichtig

B5 Probleme mit Gästen

Lesen Sie die Situationen. Was würden Sie machen? Sprechen Sie im Kurs.

1 Ein Gast hört laut Musik.
2 Ein Gast will nicht bezahlen.
3 Ein Gast ist betrunken und laut.

Ich spreche mit dem Gast.

Ich rufe den Hotelmanager.

Nein, ich … nicht … Ich …

Frühstück gibt es von 8–11 Uhr.

Ü8,9 **C1 Service von A bis Z**

a **Ordnen Sie die Piktogramme den Informationen im Text zu.**

- Wäsche-service
- Wellness
- Safe
- Restau-rant
- Abreise
- Internet
- Frühstück
- Parken

HOTEL INTERCOM

1 (E) Bitte räumen Sie das Zimmer bis 12 Uhr. Ihr Gepäck können Sie gern an der Rezeption lassen.

2 ◯ Montag bis Freitag von 7:00 bis 10:00 Uhr, Samstag und Sonntag von 8:00 bis 11: 00 Uhr

3 ◯ Alle Zimmer haben WLAN. An der Rezeption bekommen Sie kostenlos einen Code.

4 ◯ Gern können Sie unser Parkhaus benutzen. Der Parkplatz kostet 10 Euro/Tag.

5 ◯ Wir haben für Sie von 11:00 bis 15:00 Uhr und von 18:00 bis 23:00 Uhr geöffnet. Bitte reservieren Sie einen Tisch (Durchwahl: -114).

6 ◯ Gern deponieren wir Ihre Wertsachen. An der Rezeption gibt es für Sie einen Safe.

7 ◯ In Ihrem Schrank finden Sie eine Liste und einen Beutel für Ihre Wäsche.

8 ◯ Unsere Sauna und unser Fitness-Studio sind von 17:00 bis 23:00 Uhr geöffnet. Die Sauna und das Fitness-Studio sind für Sie kostenlos.

4

▶ 69 b **Fragen und antworten Sie zu zweit. Der Text in a hilft Ihnen. Hören Sie dann und vergleichen Sie.**

- ● Wann gibt es am Sonntag Frühstück? ◆ Von 8 bis 11 Uhr.
- ■ Wann ist das Restaurant heute Mittag geöffnet? ◆ ...
- ▲ Wo kann ich parken? ◆ ...
- ▲ Wie teuer ist der Parkplatz? ◆ ...
- ▼ Wann muss ich das Zimmer verlassen? ◆ ...
- ▼ Gibt es Internet? ◆ ...

c **Schreiben Sie zu zweit Fragen und spielen Sie Gespräche an der Rezeption wie in b.**

Gibt es	ist die Sauna / das Fitness-Studio?
Wann	einen Safe / Internet im Zimmer / einen Wäscheservice?
Wie teuer	kann ich in die Sauna gehen?
	gibt es Frühstück?

Ü 10, 11 C2 Wäscheservice

a **Welche Wörter in der Liste verstehen Sie? Unterstreichen Sie die Wörter. Welche Wörter verstehen Sie nicht? Arbeiten Sie mit dem Wörterbuch.**

WÄSCHESERVICE

Hotel „Zur Sonne“

Legen Sie bitte Ihre Kleidung in den Beutel und füllen Sie die Liste aus. Informieren Sie die Rezeption. Ihre Wäsche ist am nächsten Tag bis 10 Uhr fertig.

Name: ______________________

Zimmernummer: ______________________

Datum: ______________________

	Teile	Preis	gesamt €
• Bluse ◯		8,00	
• Hemd ◯		5,50	
• Pullover ◯		6,00	
• Rock ◯		8,00	
• Hose ◯		8,50	
• Kleid ◯		14,00	
• Kostüm ◯		17,00	
• Blazer ◯		9,00	
• Anzug ◯		17,00	
• Jacke ◯		9,00	
• Mantel ◯		18,00	
		gesamt €	

▶ 70 b **Welche Kleider sind schmutzig? Was soll der Wäscheservice für Herrn und Frau Jentsch waschen? Hören Sie und kreuzen Sie in a an. Was müssen sie bezahlen?**

c **Was soll der Wäscheservice für Sie waschen? Spielen Sie im Kurs.**

Der Wäscheservice soll eine Hose waschen.

Der Wäscheservice soll eine Hose und einen Rock waschen.

Der Wäscheservice soll eine Hose, einen Rock und ... waschen.

Ü 12, 13 C3 Entschuldigung, hier dürfen Sie nicht ...

a **Welches Schild passt? Ordnen Sie zu.**

1 ◯ Hier dürfen Sie nicht parken.
2 ◯ Hier dürfen Sie nicht rauchen.
3 ◯ Hier müssen Sie leise sein.
4 ◯ Hier dürfen Sie parken.

a

b

c

d

X	nicht dürfen
✓	dürfen
!	müssen

▶ 71 b **Hören Sie und sprechen Sie nach. Spielen Sie dann zu zweit ähnliche Gespräche.**

▲ Es tut mir leid, hier dürfen Sie nicht parken.
◆ Oh, Entschuldigung!
▲ Kein Problem. Würden Sie bitte ins Parkhaus fahren?
◆ Ja, natürlich.
▲ Vielen Dank.

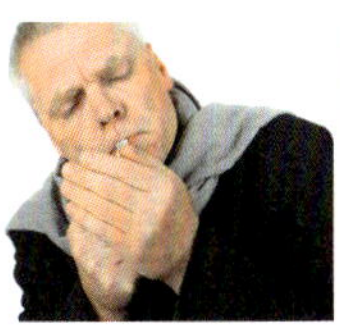

dürfen Sie nicht rauchen – draußen rauchen
müssen Sie leise sein – in die Bar gehen

Hatten Sie einen schönen Tag?

Ü14, Ü15 **D1 Smalltalk an der Hotelbar**

a **Über welches Thema sprechen die Personen an der Bar? Ordnen Sie zu.**

• Sportprogramm

• Hotelpersonal

• Arbeit

• Wetter

• Essen

• Ausflug

Gespräch 1 ◯
- ▲ Und? Wie gefällt es Ihnen hier im Hotel?
- ◆ Super! Alle hier sind nett und freundlich.
- ▲ Schön!

Gespräch 2 ◯
- ▲ Hallo! Geht's gut?
- ◆ Ja, wunderbar, danke!
- ▲ Wie war denn der Ausflug gestern?
- ◆ Sehr interessant. Wir haben sehr viel gesehen.

Gespräch 3 ◯
- ▲ Guten Abend! Wie geht's?
- ◆ Guten Abend! Gut, danke.
- ▲ Hatten Sie einen schönen Tag?
- ◆ Ja, sehr, danke. Ganz schön heiß hier bei Ihnen!
- ▲ Mögen Sie keine Sonne?
- ◆ Doch, doch, natürlich!

Gespräch 4 ◯
- ◆ Guten Abend, Mario!
- ▲ Guten Abend! Ein Bier, wie immer?
- ◆ Ja, genau. Sagen Sie mal, Mario, wie lange sind Sie eigentlich schon im „Paradiso"?
- ▲ Fünf Jahre jetzt. Früher hatte ich eine Strandbar.
- ◆ Ach wirklich? Interessant!

▶ 72 b **Hören Sie nun die Gespräche und sprechen Sie sie zu zweit.**

c **Spielen Sie zu zweit ähnliche Gespräche.**

- ▲ Hallo, wie geht's?
- ▲ Wie war der Ausflug / das Essen / der Abend / die Party / die Reise ...?
- ▲ Hatten Sie eine gute Nacht / eine gute Reise / einen netten Abend ...?
- ▲ Wie gefällt Ihnen das Hotel / die Stadt / das Land / das Zimmer / das Restaurant / die Bar ...?
- ▲ Wie finden Sie das Hotel / das Essen / die Zimmer / den Strand ...?

- ◆ Danke, gut. / Sehr gut. / Interessant! / Super! / Gut, danke! / Ja, vielen Dank.

D2 Lange nicht gesehen

a **Sehen Sie das Bild an. Worüber sprechen Katja Langer und Jo Steiger? Was glauben Sie? Kreuzen Sie an.**

Sie sprechen über

a ◯ das Hotel.
b ◯ ihr Privatleben.
c ◯ den Beruf.

▶ 73 b **Hören Sie das Gespräch und vergleichen Sie.**

4

▶ 73 c **Jo oder Katja? Ergänzen Sie die Sätze. Hören Sie dann das Gespräch noch einmal und vergleichen Sie.**

1 ______________ hat zwei Kinder.
2 ______________ ist Architektin.

3 ______________ macht Urlaub im Hotel „Intercom".
4 ______________ war nie verheiratet.
5 ______________ hat keine Kinder.

6 ______________ ist von Beruf Fotograf.

D3 Und was haben Sie in Ihrem Leben gemacht?

a **Schreiben Sie drei Sätze. Eine Information ist falsch.**

1. Ich hatte ein Restaurant.
2. Ich war drei Jahre verheiratet.
3. Ich habe als Zimmermädchen gearbeitet.

b **Arbeiten Sie zu dritt und sprechen Sie. Die anderen raten: Was ist falsch?**

Ich glaube, Satz 3 „Ich habe als Zimmermädchen gearbeitet." ist falsch.

Nein, tut mir leid. Satz 3 ist richtig. Ich habe ...

Ihre Wörter

Einstiegsseite
- Wunsch, ¨-e
brauchen
- Stadtplan, ¨-e
- Transfer (Sg.)
zum
- Flughafen, ¨-
schicken
jemand / jemanden
sofort

Abschnitt A
empfehlen
privat
geschäftlich
international
griechisch
französisch
italienisch
japanisch
- Empfehlung, -en
- Freund, -e
- Abend, -e
- Pizzeria, -s
- Kino, -s
- Karte (Eintrittskarte), -n
- Oper, -n
viel
wie viel
wie viel Uhr
gehen (Das geht.)
sich verabreden
wollen
vor dem Essen
etwas trinken
- Idee, -n
gute Idee
nach dem Essen
meinen
Was meinst du?
klar
sehen (sich)
- Stunde, -n
in einer Stunde
freuen (sich)
treffen
jetzt

Abschnitt B
- Beschwerde, -n
kalt
machen (das Zimmer)
denn
- Heizung, -en
am Bett
gleich
- Techniker, –
reparieren
austauschen
sauber
sauber machen
- König, -e
- Test, -s
reagieren auf
sich beschweren
bleiben (freundlich, ...)
so ... wie
rufen
Na und?
zumachen
- Fenster, -
ander-
anderes Hotel
nächst-
am nächsten Tag
- Ordnung (Sg.)
in Ordnung sein
na, ...
noch ein-
- Punkt, -e
bei
- Service, -s
wichtig
nicht immer
unwichtig
interessieren
wirklich
passen
passt zu mir
Musik hören
bezahlen
betrunken

Abschnitt C
- Wäscheservice, -s
räumen
lassen
kostenlos
- Code, -s
- Parkhaus, ¨-er
benutzen
pro / am Tag
geöffnet
deponieren
- Wertsachen (Pl.)
geben
es gibt
- Liste, -n
- Beutel, -
- Wäsche (Sg.)
- Fitness-Studio, -s
- Mittag (Sg.)
verlassen
- Bluse, -n
- Hemd, -en
- Pullover, -
- Rock, ¨-e
- Hose, -n
- Kleid, -er
- Kostüm, -e
- Blazer, -
- Anzug, ¨-e
- Jacke, -n
- Mantel, ¨-
- Teil, -e
gesamt
schmutzig
dreckig
waschen
dürfen
rauchen
müssen
leise
würden
draußen

Abschnitt D
- Smalltalk (Sg.)
- Thema, Themen
- Sportprogramm, -e
- Hotelpersonal (Sg.)
- Wetter (Sg.)
gefallen
alle
gehen (Geht's gut? / Wie geht's?)
wunderbar
interessant
sehr viel
ganz
ganz schön
heiß
- Sonne, -n
doch
- Bier, -e
wie immer
mal
lange
wie lange
eigentlich
schon
früher
- Strandbar, -s
Ach wirklich?
- Party, -s
- Land, ¨-er
- Strand, ¨-e
- Privatleben (Sg.)
- Architekt, -en
verheiratet
- Fotograf, -en
- Leben, -

etwas empfehlen
Was kann ich für Sie tun?
Ich empfehle ...
Ich kenne noch ....
... ist wirklich exquisit / auch nicht sehr teuer.
Das kann ich empfehlen.

einen Vorschlag machen
Es gibt da z.B. ...
Oder vielleicht ...?
Soll ich ...?

einen Tisch reservieren
Soll ich einen Tisch für ... Personen reservieren?
Für wie viele Personen, bitte?
Und für wie viel Uhr?
Ja, das geht. Auf welchen Namen, bitte?

auf Beschwerden und Wünsche reagieren
Gern. / Natürlich.
Oh, das tut mir leid.
Ich schicke sofort / gleich jemanden / den Techniker.
Sie bekommen sofort einen neuen / ein neues / eine neue.
Wir reparieren ihn / es / sie gleich.
Entschuldigen Sie. Das tut mir sehr leid.
Möchten Sie ein anderes Zimmer?
Ist ... in Ordnung?

Informationen zum Service im Hotel geben
▲ Wann gibt es ...? / Wann ist ... geöffnet?
◆ Von ... bis ... Uhr.
▲ Wo kann ich parken?
◆ Sie können gern in unserem Parkhaus parken.
▲ Wie teuer ist ...?
◆ ... Euro am Tag.
▲ Wann muss ich das Zimmer verlassen?
◆ Bis 12 Uhr, bitte.
▲ Gibt es ...?
◆ Selbstverständlich.

auf Regeln hinweisen
Es tut mir leid, hier ...
Hier dürfen Sie / dürfen Sie nicht ...
Hier müssen Sie ...
Würden Sie bitte ...?

mit Gästen ins Gespräch kommen
Hallo! Geht's gut? / Guten Abend, wie geht's?
Guten Abend, ... wie immer?
Und? Wie gefällt es Ihnen hier im Hotel?
Wie gefällt Ihnen das Hotel / das Essen / der Abend / die Party / die Reise ...?
Wie war der Ausflug gestern / das Essen / die Reise / die Party ...?
Hatten Sie einen schönen Tag / eine gute Reise / einen netten Abend / eine gute Nacht ...?
Mögen Sie ...?

über Vergangenes sprechen
Ich hatte ...
Ich war ...
Ich habe als ... gearbeitet.

4

ES/1 **1 Schreiben Sie die Wörter richtig und ergänzen Sie die Artikel.**

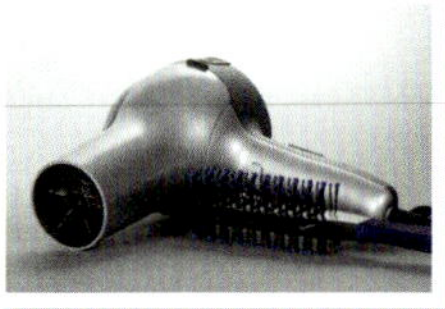

a nöFh

der

b tItneren

c pnaldtaSt

d hreFnrese

e sarnTerf

f hucsDe

g atsG

2 Ergänzen Sie die Wörter und schreiben Sie eine passende Antwort.

Kein Problem, ich rufe sofort an. | Gern. Hier, bitte. | Natürlich, der ist ganz neu. | Ich schicke sofort jemanden. | Tut mir leid, der Techniker kommt sofort.

a ▲ Entschuldigung, kann ich bitte einen Föhn bekommen?
◆ ______.

b ▲ Ich möchte in die Stadt gehen. Haben Sie vielleicht einen ______?
◆ ______.

c ▲ Ich fliege heute nach Dubai. Ich brauche einen ______ zum Flughafen.
◆ ______.

d ▲ Entschuldigung, ich habe ein Problem.
Der ______ und die ______
in meinem Zimmer sind kaputt.
◆ ______.

e ▲ Das ______ funktioniert nicht.
◆ ______.

A1 **3 Schreiben Sie die Sätze richtig.**

a ▲ Können Sie uns ein gutes Restaurant empfehlen?
◆ Ich empfehle Ihnen das Restaurant „Grüner Baum".
(Ich – das – Ihnen – Restaurant „Grüner Baum" – empfehle)

b ▲ Können Sie uns einen Kinofilm empfehlen?
◆ ______________________________.
(Ihnen – empfehle – Ich – von – den Film – Steven Spielberg)

c ▲ Können Sie mir eine Pizzeria empfehlen?
◆ ______________________________.
(am Bahnhof – empfehle – die Pizzeria – Ihnen – Ich)

d ▲ Können Sie uns ein Café empfehlen?
◆ ______________________________.
(das Café „Deller" – Ich – empfehle – Ihnen)

▶ 74 A3 **4 Am Telefon. Hören Sie und machen Sie Notizen.**

a
Name: ______________
Wann? ______________
Wie viele Personen? ______________

b
Name: ______________
Wann? ______________
Wie viele Personen? ______________

▶ 75 **5 Was fragt die Rezeptionistin? Kreuzen Sie an. Hören Sie dann und vergleichen Sie.**

a ▲ Ja, guten Tag, Kranz hier, meine Frau und ich möchten für morgen das Frühstück bestellen.
1 ◯ ◆ Für wie viel Uhr? 2 ◯ ◆ Für wie viele Personen? 3 ◯ ◆ Auf welchen Namen, bitte?

b ▲ Markus Petri, guten Tag, können wir für 20:00 Uhr einen Tisch reservieren?
1 ◯ ◆ Für wie viel Uhr? 2 ◯ ◆ Für wie viele Personen? 3 ◯ ◆ Auf welchen Namen, bitte?

c ▲ Hallo, ich habe zwei Kinokarten bestellt. Sind sie schon da?
1 ◯ ◆ Für wie viel Uhr? 2 ◯ ◆ Für wie viele Personen? 3 ◯ ◆ Auf welchen Namen, bitte?

d ▲ Gerstner, wir möchten für nächste Woche ein Zimmer reservieren.
1 ◯ ◆ Für wie viel Uhr? 2 ◯ ◆ Für wie viele Personen? 3 ◯ ◆ Auf welchen Namen, bitte?

e ▲ Ich habe ein Taxi bestellt. Ist es schon da?
1 ◯ ◆ Für wie viel Uhr? 2 ◯ ◆ Für wie viele Personen? 3 ◯ ◆ Auf welchen Namen, bitte?

f ▲ Krone hier, ich möchte eine Massage bestellen.
1 ◯ ◆ Für wie viel Uhr? 2 ◯ ◆ Für wie viele Personen? 3 ◯ ◆ Auf welchen Namen, bitte?

A4 **6 Ergänzen Sie *vor*, *nach*, *in* oder *jetzt*.**

▲ Wie war dein Wellness-Wochenende?
◆ Toll! ________ (a) dem Wochenende war ich sehr entspannt.
▲ Und was hast du gemacht?
◆ ________ (b) dem Frühstück habe ich im Fitnessraum Sport gemacht. ________ (c) dem Frühstück bin ich ans Meer gefahren und spazieren gegangen. Ich habe viel geschlafen. Nach (d) dem Abendessen war ich an der Hotelbar und habe nette Leute kennengelernt.
▲ Super! Und was machen wir ________ (e)? Gehen wir ins Kino?
◆ Tolle Idee! Der Film „Ein Wochenende allein" kommt ________ (f) einer Stunde.

B2 **7 Was sagen Sie bei Beschwerden? Bringen Sie die Antworten in die richtige Reihenfolge.**

▲ Die Dusche funktioniert nicht.
◆ Oh, das tut mir leid. ________. (a)
(reparieren – sie – Wir – sofort)

▲ Im Bad sind keine Handtücher.
◆ Kein Problem. ________. (b)
(neue – bringt – sofort – Das Zimmermädchen)

▲ Die Heizung ist kaputt.
◆ Das tut uns leid. ________? (c)
(ein anderes Zimmer – Sie – Möchten)

▲ Das Zimmer ist nicht gemacht.
◆ Entschuldigen Sie bitte. ________. (d)
(machen – sofort – es – Wir)

C1 **8 Was passt nicht? Streichen Sie durch.**

a	Montag	Abend	Freitag	Samstag
b	Sauna	Fitness	Kino	Wellness
c	Parkplatz	Garage	Internet	Parkhaus
d	Wertsachen	Safe	Schrank	Code

9 Was passt? Verbinden Sie Fragen und Antworten.

a	Wann kann ich ins Fitness-Studio gehen?	1	Acht Euro pro Tag.
b	Wie viel kostet der Parkplatz?	2	Im Zimmer gibt es WLAN.
c	Wo kann ich ins Internet gehen?	3	An der Rezeption.
d	Wo gibt es einen Safe?	4	Sie ist kostenlos.
e	Wie teuer ist die Massage?	5	Von 8:00 bis 20:00 Uhr.

C2 **10 Ergänzen Sie die Wörter und die Artikel.**

das Kostüm

• Anzug | • Hemd | • Bluse | • Hose | • Kleid | • Pullover | • Jacke | • Mantel | • Rock | ~~• Kostüm~~

▶ 76 **11 Ordnen Sie den Dialog. Wer spricht? Ergänzen Sie *R* (Rezeptionist) oder *G* (Gast). Hören Sie dann und vergleichen Sie.**

a ○ ___ Hallo, Franke hier, gibt es im Hotel einen Wäscheservice?
b ○ ___ Schon am nächsten Tag.
c ○ ___ Die Preise stehen auf der Liste.
d ○ ___ Das ist gut, vielen Dank.
e ① R Rezeption, Böhm, was kann ich für Sie tun?
f ○ ___ Ja, natürlich. Im Schrank finden Sie einen Beutel für die schmutzige Wäsche und eine Liste, füllen Sie die bitte aus.
g ○ ___ Das geht aber schnell. Ist der Wäscheservice teuer?
h ○ ___ Und wann ist die Wäsche fertig?

C3 **12 Was dürfen Sie nicht und was müssen Sie? Ergänzen Sie die Dialoge.**

a ▲ Im Restaurant __________ Sie __________ rauchen.

b ▲ Hier __________ Sie __________ parken.

c ▲ Sie __________ das Zimmer bis 12 Uhr verlassen.

d ▲ Hier __________ Sie leise sein.

13 Immer freundlich bleiben! Schreiben Sie Sätze mit *Würden Sie bitte …?*

a Würden Sie bitte auf der Terrasse rauchen? *(auf der Terrasse rauchen)*
b __________? *(leise sprechen)*
c __________? *(das Formular ausfüllen)*
d __________? *(auf den Parkplatz fahren)*

D1 **14 Welche Antwort passt? Verbinden Sie die Sätze.**

a Wie geht es Ihnen?
b Wie gefällt Ihnen das Hotel?
c Guten Morgen, haben Sie gut geschlafen?
d Guten Abend, wie war das Essen?
e Wie finden Sie den Strand?
f Hatten Sie einen netten Abend?
g Guten Tag, hatten Sie eine gute Reise?
h Wie war der Ausflug?

1 Ja, sehr gut, bis wann kann ich noch frühstücken?
2 Wunderbar, wir gehen da gern spazieren.
3 Super! Wir waren in Dresden.
4 Danke, gut.
5 Leider nicht, unser Auto war kaputt. Wir sind sehr spät angekommen.
6 Ich finde das Schwimmbad sehr schön, aber unser Zimmer ist ziemlich klein.
7 Ach, das Fischbuffet war nicht so toll.
8 Ja, in der Bar gefällt es mir sehr gut.

4

ÜBUNGSTEIL

▶ 77 **15 Ergänzen Sie die Gespräche. Hören Sie dann und vergleichen Sie.**

Waren Sie schon in der Sauna? | Was haben Sie heute gemacht? | Das Frühstücksbuffet ist bis 10 Uhr geöffnet. | Was kann ich für Sie tun? | Nein, bis Januar war ich Roomboy hier im Hotel. | ~~Hatten Sie einen schönen Tag?~~ | Wie gefällt Ihnen das Hotel? | Haben Sie gut geschlafen? | Ich habe auch einen Kurs gemacht.

a Rezeptionistin — Guten Abend. *Hatten Sie einen schönen Tag?*
Gäste — Ja, es war alles ganz super.
Rezeptionistin — ______
Gäste — Wir sind an die Ostsee gefahren.

b Kellner — Guten Morgen. ______
Gast — Ja, danke. Kann ich noch frühstücken?
Kellner — Ja, natürlich. ______

c Barmann — Guten Abend. ______
Gast — Ich möchte ein Bier. Arbeiten Sie eigentlich schon lange an der Bar?
Barmann — ______
Gast — Oh, finden Sie die Arbeit an der Bar interessant?
Barmann — Ja, sehr. ______

4

d Hotelmanagerin — Guten Tag, Frau Peters. ______
Frau Peters — Sehr gut. Das Zimmer ist sehr ruhig, und das Frühstück war auch wunderbar.
Hotelmanagerin — Schön. ______
Frau Peters — Nein, aber ich möchte heute Abend etwas Wellness machen.

▶ 78 **16 Aussprachetraining: Wortakzent**

a **Hören Sie und sprechen Sie dann nach.**

1 ● Uhr – Sport
2 ●• planen – Frühstück
3 •●• Gymnastik – Verbindung
4 ●•• Meeresblick
5 ••● Restaurant
6 ••●• Reservierung
7 •● Natur – Gespräch

▶ 79 b **Was ist richtig? Hören Sie und kreuzen Sie an.**

1 Empfehlung ○ •●• ○ ••●
2 Gepäck ○ •●• ○ •●
3 Durchwahl ○ ● ○ ●•
4 Pullover ○ •●• ○ ••●
5 Problem ○ •● ○ ●•
6 Deutsch ○ ●•• ○ ●
7 wunderbar ○ •●• ○ ●••
8 Wertsachen ○ ●•• ○ ••●

▶ 80 c **Was passt zusammen? Hören Sie und verbinden Sie.**

1 griechisch — c
2 anrufen
3 spazieren
4 Tag
5 Rezeptionist
6 dürfen
7 funktionieren
8 Moment

a •●•
b ••●•
c ●•
d ●••
e ●
f •••●
g •●
h ●•

Wiederholungsspiel „Drei gewinnt“

Spielanleitung:

Spielen Sie zu zweit, zu dritt oder zu viert. Jeder Spieler braucht zwölf Spielsteine (oder Münzen, Bonbons ...). Legen Sie einen Spielstein auf ein Feld. Lösen Sie die Aufgabe. (Bei Dialogen spricht

Sie arbeiten im Restaurant. Sprechen Sie.

▲ Restaurant ...
◆ Guten Tag, ich möchte bitte einen Tisch reservieren.
▲ ...? – ◆ Für 2 Personen.
▲ ...? – ◆ Haffner.
▲ ...? – ◆ Für 19:30 Uhr.
▲ ...

Sprechen Sie.

▲ Guten Tag. Ich hätte gern ein Doppelzimmer.
◆ ...?
▲ 3 Nächte.
◆ ...
▲ Schade. Und zwei Einzelzimmer?
◆ ...

Was passt nicht?

○ • Blog
○ • Durchwahl
○ • Brief
○ • E-Mail

Wie heißen die Sätze richtig?

Entschuldigung, / langsam sprechen? / können / Sie / bitte

Entschuldigung, / wiederholen? / Sie / das / bitte / können

Sie begrüßen die Gäste. Sprechen Sie.

6-11 Uhr: ▲ Guten ...!
10-18 Uhr: ▲ ...!
18-23 Uhr: ▲ ...!

Sprechen Sie.

◆ Zimmerservice, ...
▲ Guten Abend. Hier ist Zimmer 12. Ich hätte gern ein Croissant mit Marmelade.
◆ ...
▲ Nein, danke.
◆ ...

Sprechen Sie.

▲ Mein Name ist Protzki.
◆ Entschuldigung, ...
▲ Protzki.
◆ Ach so. Wie ...
▲ Ich buchstabiere: P-R-O-T-Z-K-I.
◆ ...

Wie heißen die Wochentage?

Was hat ein gutes Hotel? Nennen Sie fünf Dinge.

Nennen Sie fünf Berufe im Hotel / im Restaurant.

Was ist höflich?

▲ Hotel „Intercom“, Rezeption, ...?
○ wie geht's?
○ wie kann ich Ihnen helfen?
○ ja?

Fragen Sie.

▲ ... Sie? – ◆ Rainer Binder.
▲ ...? – ◆ Aus Bremen.
▲ ... du? – ● Anna.
▲ ...? – ● Aus Athen.

Sprechen Sie.

▲ Entschuldigung, ich möchte nach Berlin fahren. Wann fährt da eine S-Bahn?
◆ ... (12:13 Uhr, Bahnhof)
▲ Danke!

Antworten Sie.

▲ Wann ist die Sauna geöffnet?
◆ ...
▲ Wie teuer ist die Garage?
◆ ...
▲ Gibt es einen Wäscheservice?
◆ ...

Sprechen Sie.

▲ Guten Abend. Zimmer 17, bitte.
◆ ...? 70?
▲ Nein, 17.
◆ ...

der Partner mit.) Ist die Aufgabe richtig gelöst? Dann bleibt die Figur liegen. Ist sie falsch? Dann muss die Figur wieder weg. Der nächste Spieler ist dran. Haben Sie drei Spielsteine in einer Reihe (horizontal, vertikal, diagonal)? Sie haben gewonnen!

Nennen Sie fünf Dinge an der Rezeption.

Was sagen Sie zu den Gästen?

Was schreiben Sie in einer formellen E-Mail?

- ◯ Liebe Grüße
- ◯ Freundliche Grüße
- ◯ Mit freundlichen Grüßen

Rechnen Sie.

37 + (plus) 18 = (gleich) ...
76 – (minus) 23 = ...
5 + 16 = ...

Nennen Sie fünf Dinge im Zimmer.

Sprechen Sie.

▲ Ich heiße ...
◆ Wie bitte?
▲ Ich buchstabiere: ...

Antworten Sie.

Wann hat Jule Geburtstag?
◆ ... 3.3.

Welches Datum ist heute?
◆ ...

Schreiben Sie.

ANMELDEFORMULAR
HOTEL INTERC

Familienname	
Vorname	
Straße, Hausnummer	
Postleitzahl, Wohnort	
Staat	
Nationalität	
Telefon	
Geburtstag	

Nennen Sie drei Kleidungsstücke für eine Dame und drei für einen Herrn.

Wie heißt das Gegenteil?

klein ⟷ groß
laut ⟷ ...
teuer ⟷ ...
gut ⟷ ...
freundlich ⟷ ...

Nennen Sie fünf Dinge beim Frühstück.

Was haben Sie im Urlaub gemacht? Erzählen Sie in drei Sätzen.

Wie ist Ihre Telefonnummer?

▲ Meine Telefonnummer ist ...

Was sagen Sie?

▲ Die Heizung funktioniert nicht.
◆ ...
▲ Die Dusche ist kaputt.
◆ ...

Wie spät ist es?

Quellenverzeichnis

Cover: © Corbis/Onoky/Eric Audras
S. 5: Fotos: Arlet Ulfers, Inning
S. 7: A @ Farina3000/fotolia.com, B @ Thinkstock/Hemera/Adam Borkowski, Hintergrundfoto von A und B: @ iStock/dlewis33; Foto unten: Hueber Verlag
S. 8: links: A © iStock/alicat, B © iStock/Nikada; rechts von oben links: © Robert Kneschke/fotolia.com, © Thinkstock/Goodshoot, © fotolia/contrastwerkstatt, © Tyler Olson/fotolia.com, © erwinova/fotolia.com, © PantherMedia/TONO BALAGUER; unten von links: © Photoman/fotolia.com, © Thinkstock/Fuse, © Thinkstock/iStock/Jacob Wackerhausen, Linda W.: Florian Bachmeier, Schliersee
S. 9: Foto unten: Hueber Verlag
S. 11: oben © Thinkstock/IPGGutenbergUKLtd; Mitte von links: © Thinkstock/iStock/Jacek Chabraszewski, © Thinkstock/iStock/Crdjan; unten: A © Thinkstock/iStock/meinzahn, B © iStock/kevinruss, C © Thinkstock/moodboard/Mike Watson Images, D © PantherMedia/iloveotto, E © Thinkstock/iStock/nyul, F © Thinkstock/Purestock
S. 12: Foto © Thinkstock/Purestock
S. 13: von oben links: © fotolia/Henrik Winther Ander, © fotolia/Jacques PALUT, © Thinkstock/iStock/Andreas Rodriguez, © Thinkstock/iStock/scanrail, © Thinkstock/Photodisc/RyanMcVay, © Thinkstock/iStock/Stephen Orsillo, © Thinkstock/Hemera, © Thinkstock/iStock/Tolga Sipahi, © Thinkstock/iStock/Paul Vasarhelyi, © Thinkstock/iStock/svengine, © Thinkstock/Digital Vision; unten © Thinkstock/iStock/svengine
S. 15: Fotos: Hueber Verlag
S. 16: Mann © Thinkstock/Goodshoot/Jupiterimages; Bundesadler © Thinkstock/iStock/armvector
S. 18: Pikto Zimmer frei © raven/fotolia.com; Pikto Aufzug © iStock/kenex
S. 19: A © Thinkstock/iStock/kzenon; B © contrastwerkstatt/fotolia.com; C © Thinkstock/Photodisc/Digital Vision
S. 20: Pikto WLAN © JiSign/fotolia.com; Pikto Internet © iStock/sodafish; Pikto Sauna © iStock/sodafish; Pikto Parkplatz © iStock/kenex
S. 21: Piktogramm links © Thinkstock/iStock/justin roque; Piktogramm rechts © andròmina/fotolia.com
S. 22: © Thinkstock/iStock/svengine
S. 24: a © fotolia/Henrik Winther Ander; b © Thinkstock/iStock/svengine; c © Thinkstock/iStock/Paul Vasarhelyi; d © fotolia/Jacques Palut; e © Thinkstock/Photodisc/RyanMcVay; f © Thinkstock/iStock/Andreas Rodriguez; g © Thinkstock/iStock/Stephen Orsillo; h © Thinkstock/iStock/Tolga Sipahi; i © Thinkstock/Hemera
S. 26: oben a © Thinkstock/iStock/dedMazay; oben b © Thinkstock/iStock/Vectorwerk; unten: A © Thinkstock/Photos.com/Jupiterimages, B © PantherMedia/Yuri Arcurs; C © Thinkstock/Fuse
S. 27: Pikto Sauna © iStock/sodafish; Pikto Bar © raven/fotolia.com; Pikto Aufzug © iStock/kenex; Pikto Safe © raven/fotolia.com; Pikto Restaurant © raven/fotolia.com; Pikto Garage © iStock/kenex; Pikto Parkplatz © iStock/kenex; Pikto Internet © iStock/sodafish; Foto © Thinkstock/Photodisc/Digital Vision
S. 29: A © PantherMedia/Luis Louro; B © seen/fotolia.com; C © iStock/Blend_Images; D © Thinkstock/Hemera/Lars Christensen; E © luna/fotolia.com; F © iStock/Alija; G © Thinkstock/iStock/Michael Langhoff; H © Getty Images/iStock/petrovv
S. 30: Pikto Gepäckservice © andròmina/fotolia.com; Foto oben © Thinkstock/Goodshoot/Jupiterimages; Foto unten © luna/fotolia.com; Pikto WLAN © JiSign/fotolia.com
S. 31: oben: Hotelzimmer © Thinkstock/iStock/jjmm888, Schrank (einmontiert) © Thinkstock/iStock/Malsveta; unten: Badezimmer © Thinkstock/iStock/German, Föhn (einmontiert) © Maria Mitrofanova/fotolia.com
S. 32: oben: A © iStockphoto/peresanz, B © panthermedia.net/Andreas Münchbach, C © Thinkstock/Hemera/Adrian Hancu, D © PantherMedia/milla74, E © Claudia Hesse/fotolia.com; Foto Mitte: Hueber Verlag; unten: A © Thinkstock/Stockbyte/George Doyle, B © victoria p./fotolia.com, C © Thinkstock/iStock/Brent Bossom, D © Thinkstock/iStock/omgimages, E © Thinkstock/iStock/Ridofranz, F © PantherMedia/liv friis-larsen, G © Thinkstock/iStock/John Panella
S. 34: großes Foto © Thinkstock/iStock/juefraphoto; Milch © fotolia/objectsforall; Kakao © Thinkstock/iStock/janeff; Croissant © iStock/Alija; Joghurt © Thinkstock/iStock/HandMade Pictures; Brot © Thinkstock/iStock/olhainsight; Butter © Thinkstock/iStock/sunstock; Honig © Thinkstock/iStock/Anton Prado PHOTOGRAPHY; Toast © Thinkstock/iStock/inerika; Tee © Thinkstock/iStock/Evgeny Karandaev
S. 39: © Thinkstock/iStock/Evgeny Karandaev
S. 40: A © Thinkstock/iStock/German; B © luna/fotolia.com; C © seen/fotolia.com; D © iStock/Blend_Images; E © Thinkstock/Hemera/Lars Christensen; F © iStock/Alija
S. 41: oben © Thinkstock/iStock/German; Mitte © Thinkstock/iStock/jjmm888; unten © Thinkstock/Pixland/Jupiterimages
S. 42: © iStock/kevinruss
S. 45: A © contrastwerkstatt/fotolia.com; D: oben © slavun/fotolia.com; unten von links: © contrastwerkstatt/fotolia.com, © arsdigital/fotolia.com, © Anton Gvozdikov/fotolia.com, © Thinkstock/iStock/alxpin, © EPSTOCK/fotolia.com; E © drubig-photo/fotolia.com; F © PantherMedia/alexwhite; G © contrastwerkstatt/fotolia.com
S. 47: links © PantherMedia/Michael Dietrich; rechts © Thinkstock/iStock/stefan marter
S. 49: Foto unten: Hueber Verlag
S. 50: oben © slavun/fotolia.com; unten von links: © contrastwerkstatt/fotolia.com, © arsdigital/fotolia.com, © Anton Gvozdikov/fotolia.com, © Thinkstock/iStock/alxpin, © EPSTOCK/fotolia.com
S. 52: oben von links: © Thinkstock/Marek Gahura, © Thinkstock/iStock/Alexander Klemm, © fotolia/Michael Neuhauß, © doris oberfrank-list/fotolia.com; unten © drubig-photo/fotolia.com
S. 56: a: oben © slavun/fotolia.com; unten von links: © contrastwerkstatt/fotolia.com, © arsdigital/fotolia.com, © Anton Gvozdikov/fotolia.com, © Thinkstock/iStock/alxpin, © EPSTOCK/fotolia.com; b © contrastwerkstatt/fotolia.com; e © Thinkstock/Hemera/Lars Christensen; f © iStock/Nikada; g © Thinkstock/Hemera; h © PantherMedia/alexwhite
S. 59: oben © Thinkstock/iStock/alxpin, unten © slavun/fotolia.com
S. 61: A © danr13/fotolia.com; B © cottonfioc/fotolia.com; C © Thinkstock/iStock/Laboko; D © Thinkstock/iStock/hal jurcic; E © Erwin Wodicka/fotolia.com; F © Calado/fotolia.com; G © Thinkstock/Creatas
S. 62: oben links © Thinkstock/Fuse; oben rechts © Thinkstock/iStock/Allan Danahar; Mitte von links: © Thinkstock/iStock/brebca, © iStock/rjlerich, © BeTa-Artworks/fotolia.com, © iStockphoto/Elenathewise, © HLPhoto/fotolia.com
S. 64: A © iStock/German; B © imageegami/fotolia.com; C © iStock/ugurhan
S. 66: Piktos: A © raven/fotolia.com, B © iStock/sodafish, C © raven/fotolia.com, D © raven/fotolia.com, E © Thinkstock/iStock/justin roque, F © iStock/sodafish, G © Thinkstock/iStock/justin roque, H © iStock/kenex; Mitte © iStock/Don Nichols; unten © Thinkstock/Randy Faris/Fuse
S. 67: a, b © iStock/Philip Barker; c © BERLINSTOCK /fotolia.com; d © fotolia/xiver; links © K.- P. Adler/fotolia.com; rechts © lassedesignen/fotolia.com
S. 68: A © Robert Kneschke/fotolia.com; B © WavebreakmediaMicro/fotolia.com; C © Thinkstock/Wavebreak Media; D © Thinkstock/iStock/Elena Volkova; E © CandyBox Images/fotolia.com; F © Kzenon/fotolia.com
S. 72: Föhn © Thinkstock/iStock/Laboko; Tastatur © Calado/fotolia.com; Stadtplan © cottonfioc/fotolia.com; kaputter Fernseher © danr13/fotolia.com; Shuttlebus © Thinkstock/iStock/hal jurcic; tropfende Dusche © Erwin Wodicka/fotolia.com; Paar an Rezeption © Thinkstock/Creatas; Frau an Rezeption © Thinkstock/Goodshoot
S. 73: © Thinkstock/Photodisc/Digital Vision
S. 75: Rauch- und Parkverbot © iStock/Philip Barker; Ruhe bitte © BERLINSTOCK /fotolia.com; Rezeption © fotolia/xiver
S. 78: von links: © Robert Kneschke/fotolia.com, © Thinkstock/Goodshoot, © contrastwerkstatt/fotolia.com, © Thinkstock/Photodisc/Digital Vision, © iStock/Nikada
S. 79: Fernseher © Thinkstock/Photodisc/RyanMcVay; Schlüssel © Thinkstock/iStock/svengine; Telefon © Thinkstock/Hemera; Rauch- und Parkverbot © iStock/Philip Barker; Ei © Thinkstock/iStock/juefraphoto; Toast © Thinkstock/iStock/inerika; Butter © Thinkstock/iStock/sunstock; Milch © fotolia/objectsforall

Illustrationen: Michael Mantel, Bad Bevensen